古典文獻研究輯刊

五 編

潘美月・杜潔祥 主編

第 1 冊

五 編 總 目

焦竑及其《國史經籍志》

李文琪 著

國家圖書館出版品預行編目資料

焦竑及其《國史經籍志》／李文琪著 — 初版 — 台北縣永和市：
花木蘭文化出版社，2007〔民 96〕

序 2+ 目 2+122 面；19×26 公分
（古典文獻研究輯刊 五編；第 1 冊）
ISBN：978-986-6831-45-4（全套精裝）
ISBN：978-986-6831-46-1（精裝）
1.（明）焦竑 2. 國史經籍志 3. 傳記 4. 學術思想 5. 目錄學
013.26   96017429

ISBN - 978-986-6831-46-1

9 789866 831461

古典文獻研究輯刊
五 編 第 一 冊   ISBN：978-986-6831-46-1

焦竑及其《國史經籍志》

作　　者　李文琪
主　　編　潘美月　杜潔祥
企劃出版　北京大學文化資源研究中心
出　　版　花木蘭文化出版社
發 行 所　花木蘭文化出版社
發 行 人　高小娟
聯絡地址　台北縣永和市中正路五九五號七樓之三
　　　　　電話：02-2923-1455／傳眞：02-2923-1452
電子信箱　sut81518@ms59.hinet.net
初　　版　2007 年 9 月
定　　價　五編 30 冊（精裝）新台幣 46,500 元

五編總目

編輯部　編

《古典文獻研究輯刊》五編　書目

《五編》各書作者簡介・提要・目錄

第一冊　焦竑及其《國史經籍志》

作者簡介

　　李文琪，一九六三年出生於台灣省台中市，河南省孟縣人。輔仁大學中文系、東海大學中文研究所碩士班畢業。現任教於弘光科技大學文化事業發展系，擔任大學國文、基礎寫作、文學經典閱讀等課程。教學之餘，現致力於華語文教學等課題。

提　要

　　《國史經籍志》六卷，明焦竑撰。

　　焦竑，字弱侯，爲明萬曆進士，官翰林修撰，學殖淵深，著述宏富。生當明代心學發達之期，從耿定向、羅汝芳學，思想近禪家，爲明泰州學派後勁。又與李贄交好，故而降及清代，不爲朝廷所喜，於所撰書頗加攻詆，致其學術思想成就，幾湮而不彰。

　　《國史經籍志》乃爲有明國史而撰，因以名之。採通代收書之例；首置制書類，次經部十一類，史部十五類，子部十六類，集部五類附詩文評；類下再分細目，凡五部，五十二類，三二四目，爲我國目錄學史上第一部四部三級分類之書目，具有歷史的意義。

　　《國史經籍志》因係焦竑之著述，受清廷詆，致使其書亦隨其人之事蹟而不爲人所熟知。《國史經籍志》之體例、分類，與鄭樵藝文略分類併合之異同，至今尚未有作整體論述者，因取焦竑之生平、學術成就，與《國史經籍志》一書爲研究之課題，冀使焦竑及《國史經籍志》之價值得以彰顯。

　　全文近九萬字，首冠緒言，以明撰述之旨，下分七章。第一章爲焦竑生平及其

學術思想；第二章為焦竑著述考；第三章論《國史經籍志》成書之背景依據與傳本；第四、五章分論《國史經籍志》之體例及分類；第六章總結全文，並為《國史經籍志》之得失與影響，作一評價。

目　錄

第二冊　郡邑叢書之研究

作者簡介

　　林照君，民國六十一年出生，臺北市人。臺灣大學中國文學研究所碩士。

提　要

　　中國歷代書籍散佚頗多，許多古籍是藉由叢書而流傳下來的，是以叢書具有重大的文獻價值，值得探討與研究。

　　叢書的種類繁多，本文以郡邑類叢書為研究主題，綜合歷來的整理和研究的成果，歸納出八十六部郡邑叢書，除了對臺灣可見的五十五部叢書逐部地介紹其實質內容與編刊情形外，並探討郡邑類叢書的定義、興起的原因、特色與價值，以期對此類叢書有所瞭解。

目　錄

第三冊　徐元太《喻林》研究

作者簡介

　　江育豪，雲林縣人，民國六十九年生。高中畢業後，負笈至外雙溪東吳大學就讀，畢業後旋即進入東吳大學中文研究所，師事丁教授原基，主要研究方向為文獻學、類書研究，曾參與丁師原基國科會專題研究「六十種類書研究書目」之編纂工作，研究著作有《徐元太《喻林》研究》、〈徐元太《喻林》及其相關問題初探〉（發表於國立台北大學人文學院《人文集刊》第四期）。興趣排球，球齡迄今近十年。於九十六年孟夏服役，本書出版時，作者尚在軍中。

提　要

　　〈徐元太《喻林》研究〉旨在探討明代末葉大臣徐元太及其所編纂之《喻林》。《喻林》性質上是一部中國傳統的工具書——類書，內容上則專收典籍中運用譬喻修辭之句。本文除〈緒論〉及〈餘論〉外，共分四章，各章之旨，撮舉如下：

　　〈緒論〉首先對「研究動機」、「研究價值」與「前人研究成果」加以分析、陳述。

　　第一章〈徐元太生平及著述〉敘述其生平、家室、交遊、事蹟以及著述。徐元太為人耿介，任官清廉，在四川為官期間，軍功甚偉。其著述不論文學、史學，俱展現重視實用價值之特性。

　　第二章〈《喻林》成書之經過與板本論述〉係對《喻林》成書的原因進行探討，次則對各個板本及現代重要影印本加以介紹，考訂各個板本成書之先後順序，並比較各個板本間之異同。

　　第三章〈《喻林》之體制〉，本章著重於分析體例，對體例的源流、書中所採用

的體例以及特殊形式均予以詳細介紹。

　　第四章〈《喻林》之特色及價值〉從分類編排、體例結構、其所採用之書籍目錄以及書中所徵引的文獻四方面，論其異於一般類書以及卓越之處。

　　論《喻林》一書，不能只側重其優點，〈餘論〉即是對《喻林》所存在的缺失進行檢討，並總結本文的成果，兼述未來研究上展望。

　　關鍵字：徐元太、喻林、類書、譬喻修辭

目　錄

第四冊　徐乾學及其藏書刻書

作者簡介

　　陳惠美，台北市人，東海大學中國文學系文學博士，現爲僑光技術學院應用華語文系副教授。著有《徐乾學及其藏書刻書》（碩士論文）、《朱彝尊經史之學研究》（博士論文），發表之期刊論文則多爲探討明末清初學術、孟子學等相關問題。

提　要

　　徐乾學（1631～1694），字原一，號健菴。江蘇崑山人。徐氏廣收群籍，諸家舊籍盡歸於傳是樓，是清初有名的藏書家。其善用藏書，刻《通志堂經解》，於清代私家刻叢書則有其前導地位。然而，現有各種資料，深度與廣度均無法表彰徐乾學藏書刻書的成就。本論文以徐氏本身的資料——文集、藏書目錄爲主，旁及方志、筆記、同時人著作、友朋書信、清代與民國各家藏書志與期刊論文爲輔。在作法上是：羅列的具體證據，配合圖表，加以歸納、分析，提出結論。如現有資料不足，則呈現推論的過程。文分六章，首先介紹徐乾學的家世，編撰徐氏事蹟繫年彙編，以明其藏書背景與其生平事蹟。其次，考述徐氏之著作與交遊。藉以得見徐氏之刻書、藏書，與徐氏之擅長經、史和交遊間的切磋有密切關係。其次，理出徐乾學藏書的源流、對藏書的整理利用與散佚概況。並分析《傳是樓書目》、《傳是樓宋元版書目》的分類體例，考述、比較知見版本，且釐清因傳鈔所產生的錯誤，爲二書目作一定位。再者，辨明《通志堂經解》乃徐乾學氏所刻，說明徐氏爲何將此叢書轉至納蘭性德名下，並逆推刻書過程及概述《通志堂經解》的流傳情形。最後，從「刻書以存書」、「校書以存書」兩方面，探究《通志堂經解》的得失，並從刊刻叢書的角度，呈現其對清代輯刻叢書的影響。透過深入的討論，給予徐乾學之藏書刻書的成就較爲公允的評價。

目　錄

第五、六、七冊　魏晉南北朝易學書考佚

作者簡介

　　黃慶萱，台灣師範大學國文研究所畢業，文學博士（1972）。歷任小學教師，中學國文教師，台灣師範大學國文系講師、副教授、教授。間曾訪問香港，出任浸會學院及中文大學客座高級講師。又曾訪問韓國，出任漢城外國語大學客座教授，高麗大學兼任教授，2000 年，自台師大退休。著作有：《史記漢書儒林傳疏證》（1966）、《魏晉南北朝易學書考佚》（1975）、《修辭學》（1975）、《中國文學鑑賞舉隅》（1979）、《周易讀本》（1992）、《周易縱橫談》（1995）、《學林尋幽》（1995）、《與君細論文》（1999）等。

提　要

　　魏晉南北朝易學著作之見於載籍者，凡一百四十九部。今存者僅王弼《周易注》暨《周易略例》、韓康伯《易繫辭傳注》、阮籍《通易論》三家四書而已，他皆亡佚。清人如張惠言、孫堂、馬國翰、黃奭，裒輯佚文，掇拾舊疏及類書所引以存周易古注之崖略。本論文博采諸家輯本，一一覆覈原著，得此時期易著佚文凡二十八家、二十八部。全文以時代為次，每家自成一章，每章又分三節。首述「撰人」。節錄正史紀傳並補以他書以述其年里、行跡、思想、著作。次作「考證」。分由異文之比較而探索其底本，由佚文之分析而綜察其內容，由論述之參稽而考證其思想，由史志

之記載而詳審其情實。終錄「佚文」，又分二目。先采諸家佚文，其未輯者增之，漏輯者補之，誤輯者正之，贅輯者刪之，誤次者乙之；次爲案語，則不事煩瑣之訓詁，而專就其同異而較之，務期辨其得失，理其派別。

　　本論文主要觀點有三：

　　一、易著底本：魏晉南北朝易著佚文，所用底本皆爲費氏本。唯王肅《易注》多異文；董遇、干寶、桓玄偶採孟本以訂費本。蓋《費易》經鄭玄、王弼作注，已得獨尊矣。

　　二、諸家易象：干寶猶有互體、消息、卦氣、八宮世應遊歸、世卦起月、八卦休王、爻體、爻等、卦身、納甲、納支等例，爲京氏學。伏曼容言旁通往來，姚規言互體，皆虞氏學。盧景裕亦言卦變、消息、互體，然其例至簡，不出鄭玄範圍。王肅、向秀、王廙限於本卦而言象，其餘各家皆不言象數。

　　三、諸家易義：王肅、干寶、沈麟士、劉瓛、伏曼容、褚仲都、盧景裕好以經解經。干寶、張譏並好以史證易。於先賢之說，大抵出入鄭、王，北朝宗鄭玄而兼習王弼注，南朝宗弼而兼採玄注。而與鄭王並異，自抒己見者，亦多有之。蓋師法破壞，勝見競出，爲此時代學風一大特色。楊乂撰文，嘗以易爲品物之原，刑禮之本；蕭衍著論，亦依易而言政理天象。是又以易道爲人生宇宙之本體矣。

　　作者以爲就佚文考察，魏晉南北朝之易學可知者如此云。

目　錄
上　冊

第八冊　《說文繫傳》板本源流考辨

作者簡介

張翠雲，臺灣花蓮人，現居臺北。國立臺灣師範大學國文研究所碩士。曾任私立中原大學通識中心國文科兼任講師，現爲國立臺灣師範大學附屬高級中學國文科教師、國立空中大學人文學系兼任講師。

提　要

許愼《說文》，爲中國文字之學分源奠基，後世治小學者群宗之。然因傳世既久，其說有不可得而詳者，復有以師心之見，自爲臆說者，致使六書之學混淆難明。幸有二徐，致力字學，宗許氏之說，羽翼《說文》。雖然宋代《崇文總目》、《直齋書錄解題》等書目著錄對於《繫傳》無不推崇，清人辨訂小徐本說文者亦甚夥，獨闕《繫傳》板本之探究。

清章學誠言：「考鏡源流，辨章學術」，筆者鑒於《繫傳》板本之未正，有失徐鍇著述原義，故著寫此論文，考辨徐鍇《說文繫傳》所流傳諸板本間之關係，藉以

瞭解《繫傳》板本傳衍源流，以發其隱微。舉凡歷代書目，及現存國立故宮博物院、國家圖書館（舊名中央圖書館）、中央研究院傅斯年圖書館等地之《繫傳》板本，無不一一詳察參照。藉由現存徐鍇《說文繫傳》存本及歷代各家書目之載錄，以析其異同，審其源流。此書中，於歷代書目考徵部分採年代順序敘寫，始自宋代，至于民國。於現存《繫傳》板本部分，則就：善本、普通舊本、普通本三者摘錄之。凡在台可見之本，無不摭拾。

本論文內容共有六章，並於書末附有附錄及書影，各章摘要如下：

第一章「緒言」，概述徐鍇著作《繫傳》之源起，暨以《繫傳》板本為研究方向之動機、目的。

第二章「徐鍇生平述略」，就《南唐書·徐鍇傳》、李昉〈徐公墓誌銘〉諸書以見徐鍇其人其事，及其著述之富。

第三章「繫傳、通釋辨名」，就徐鍇《繫傳·系述篇》、宋人及歷代書目稱引著錄，對徐鍇此四十卷書《繫傳》、《通釋》之名，究以何名為是，加以辨析。

第四章「說文繫傳板本考」，考辨《說文繫傳》板本。第一節為「歷代書目著錄考徵」，分別著錄宋、元、明、清、民國、外國等書目所收藏《說文繫傳》板本，以明歷代庋藏之異同。第二節「現存繫傳板本考」，就善本、普通舊籍、普通本三者，以尋檢臺省地區見存藏本，詳載各板本年代、板式、題跋、印記等，舉凡書中朱墨圈校處，亦一一條列摘錄之。

第五章「說文繫傳板本源流綜述」，依書目著錄暨見存《繫傳》，復參照文獻所徵引，溯源推衍，綜述宋刊殘本、述古堂藏本、汪啟淑刊本及祁寯藻刊本四大源流之相互關係。

第六章「結論」，綜括《繫傳》板本源流考辨結果，且以列表方式說明自清代以來所刊刻流傳之《說文繫傳》板本源流概況。

目　錄

第九冊　劉文淇《春秋左傳舊注疏證》體例之研究

作者簡介

張惠貞學經歷：

國立高雄師範大學國文系博士

私立逢甲大學中文系碩士

國立成功大學中文系學士

服務：國立台南大學語文教育學系副教授

研究領域：清代左傳學、清代乾嘉經史學、台灣閩南語歌仔冊研究

提　要

　　清代儀徵劉文淇一生秉承紹繼漢儒春秋左氏傳之學，積累數十年之力，成就一部《春秋左氏傳舊注疏證》。對於杜預《春秋經傳集解》釋左氏傳有誤者，一一糾舉勘正；於孔穎達《左傳正義》疏之缺失，亦舉謬不餘遺力，其旨務在闡揚漢儒左氏經誼，扶植微學。

　　儀徵文淇所為《春秋左氏傳舊注疏證》，凡資料蒐羅旁通上稽先秦諸子，下考唐

以前史書，雜家筆記文集等，使《春秋左氏傳舊注疏證》賅備證佐，予後人考證參酌是有可采，其書雖是僅止襄公五年，然於糾正杜注孔疏之失，亦是裨益嘉惠後治左氏傳之學者為甚。

目　錄

第十、十一、十二冊　《新序》校證

作者簡介

陳茂仁，民國五十七年生，臺灣省嘉義縣人，國立中正大學文學博士。

先後曾任國立嘉義農專、國立中正大學兼任講師，國立臺東師範學院語文教育學系及屏東師範學院語文教育學系專任助理教授。現任教於國立嘉義大學中國文學系。

先生專攻校讎、文字及詩歌吟唱，著作有《亢倉子校證》、《王士源亢倉子研究》、《古典詩歌初階》、《小品文選讀》、《大學文選》（合編）。學位論文有《楚帛書研究》（碩論）及《新序校證》（博論）。另有期刊論文〈白居易「格詩」意涵試探〉等二十餘篇及研討會論文〈楚帛書〈宜忌篇〉釋讀〉等十餘篇。

提　要

劉向《新序》，網羅先秦至漢世舊聞，掇其正義美辭，足資法戒者，以類相從，冀采援古例今，以收匡正時弊，藉行王道，使歸仁義道德而達大治之效。高似孫《子略‧新序說苑》云：「先秦古書，甫脫爐劫，一入向筆，采擷不遺，至其正紀綱、迪教化、辨邪正、黜異端，以爲漢規監者，盡在此書，茲《說苑》、《新序》之旨也。」此說或嫌溢美，唯道劉向編撰《新序》之旨，卻深中其意，如《漢書‧劉向傳》所言，《新序》之作，爲「言得失，陳法戒」，「以助觀覽，補遺闕」，欲爲治政者之諫戒。觀是書，不外欲君正其身、寬惠養民、省刑薄斂、任賢使能、去讒放邪佞也，要之一本歸之於儒家。

歷來讎校《新序》者鮮，載錄全書以校者又寡，雖如此，前賢創獲猶多。筆者因以前賢所得爲基，以北京圖書館藏宋刻本《新序》爲底本，對校以元、明、清刊刻、手鈔等十二種異本，參校以明、清四種異本，並蒐羅清儒至近人之相關讎校十七種，取資翻檢之古籍、古注、類書等三百餘種。首起「昔者舜自耕稼陶漁而躬孝友」，末至「主父偃之謀也」，自首至尾，全文校勘而不割棄。

《新序》一書，迭經朝代更替、變竄，殷謬失紀，所在多有，語謂校書如掃葉，旋掃隨生，《新序》雖經前賢研覆諟正，然滄海遺珠，理所不免。筆者雅好是書，歷經數年披尋，刺取舊文，披討群籍，於前賢之所校定，擇善而從，或補苴前說，或疑難舉正，或校文字與句讀之訛謬，或慮文意之確適，並就各本版式、字體、序跋、牌記、刻工……等，擬定《新序》版本源流表，以明其版本傳衍之跡，合書而成百餘萬言《新序校證》，冀復《新序》之本貌。

筆者素本鯢鰌之知，欲探江海鴻鵠之爲物，自是以管窺豹，唯本愚者千慮必有一得之效，故爲此書，尚冀　諸賢大家有以教正，是所深望也。

目　錄

第十三冊　胡應麟及其圖書目錄學研究

作者簡介

　　謝鶯興，台灣省台中縣人，1954 年生。東海大學中文系學士、東海大學中文研究所碩士，東海大學圖書館組員，東海大學中文系兼任講師。編有：《東海大學圖書館藏天糧館贈書·基督教文獻書目（附索引）》、《東海大學圖書館館藏和刻本線裝書簡明目錄初稿（附索引）》、《東海大學中國文學系早期師長著作目錄彙編》等書，撰有：〈方師鐸先生的生平與風範〉、〈方師鐸先生作品整理記略〉、〈邊貢《華泉集》板本考述〉、〈東海大學圖書館館藏和刻本線裝書概述〉、〈古籍板本考辨──以牌記著

錄爲例〉、〈來知德「周易集註」板本考述〉、〈顧炎武「音學五書」板本考〉、〈量身打造：論線裝古籍「六合套」的製作〉等論文。

提　要

　　明代爲中國目錄學衰微不振的時期，這一時期目錄學的觀念極爲淡薄，不論官修或私家藏書目，大都不重視目錄學的體制，直至嘉、隆、萬年間，焦竑、胡應麟、祁承三人先後出現，才塡補明代目錄學的空白。

　　胡應麟，字元瑞，有「二酉山房」藏書四萬餘卷，爲越中大藏書家。因他博學多識，著作繁多，後人對他的詩論、辨僞、校讎等，都加以肯定。圖書目錄學自漢劉氏向、歆父子，即已包含目錄、版本、校勘、辨僞等學科，但至今，胡氏在圖書目錄學上的成就，尚未有整體性的論述。本論文即就胡氏生平家世、著作、藏書，以及他在圖書目錄學上的理論、在圖書目錄學史上的成就，分五章討論。

　　所據資料以胡氏現存著作——《少室山房筆叢》、《少室山房類稿》、《詩藪》爲主，佐以明人文集、方志、藏書志及近人論述，以歷史研究法，探討胡氏的生平傳略及其圖書目錄學的淵源；以比較分析法、歸納法，闡明胡氏的圖書目錄學理論、方法；並將他的說法，與前人及同一時代的目錄學家，作一比較，藉以明瞭他在圖書目錄學史上的成就，以及他的著作在圖書目錄學的價值。

　　經由分析研究可知，胡應麟精通目錄學，並強調「史」的觀念，故多以目錄學史的角度，處理所有圖書目錄學領域的問題。例如目錄學史方面，追溯目錄學的源流、並著錄歷代可知藏書目及序跋，藉以了解典籍存佚；而類例方面，則詳論歷來分類之優劣，並提出「道釋二藏、僞書、類書歸爲一類，附四部之末」的主張；又承續小序的觀念，仿馬端臨收錄各家序文之例，並加以論辨、補充；至於辨僞學，則參酌前人成果，提出僞書的特徵、性質、僞書產生的原因、僞作動機、辨僞依據及方法等理論；而這些觀念與作法，亦對後代目錄學家有所啓發。

　　衡諸有明一代，吾人可爲胡應麟與其圖書目錄學有關的著作，給予如下的定位：《經籍會通》爲目錄學史專書；《四部正》爲明代最主要的辨僞學專書；《九流緒論》爲子書〈總序〉；而《玉壺遐覽》、《雙樹幻鈔》二書，爲道、釋二家〈總序〉。是以可證知胡氏在圖書目錄學上，具有承先啓後的貢獻。

　　關鍵詞：胡應麟、少室山房筆叢、少室山房類稿、詩藪、經籍會通、四部正、九流緒論、玉壺遐覽、雙樹幻鈔、圖書分類學、版本學、辨僞學、輯佚學、校勘學

目　錄

第十四冊 項安世《周易玩辭》研究

作者簡介

　　賴貴三（1962－），字屯如，臺灣屏東人。習業於臺南一中、高雄中山大學外文系、臺灣師大國文系所，獲文學博士學位，今爲臺灣師大國文系教授，兼國際漢學研究所籌備主任、續接所長。行宗儒道，學探經史，專長《易》學、中國哲學、經學與文獻學。出版《潁川堂賴氏歷代族譜考述》、《焦循年譜新編》、《焦循雕菰樓易學研究》、《昭代經師手簡箋釋》、《焦循手批十三經註疏研究》，並主編《春風煦學集——黃慶萱教授七秩華誕受業論集》與《臺灣易學史》等。

提　要

　　兩宋理學鼎盛，融儒、釋、道於一爐，北宋五子開導於前，南宋朱陸鳴放於後；一時俊選，紛馳當世，彬彬蔚蔚，漪歟盛哉！項安世生於南宋高、孝、光、寧四朝，腹滿經綸，懷抱澄清。以直諫著聲於朝，雖晚厄黨禁橫禍；然以《易》學揚名當代，成名山事業。其鐘鼎事功，《宋史》具載；而其立言述作，世傳《周易玩辭》、《項氏家說》與《平庵悔稿》三書，然知者甚尠、考者尤罕，故其學不宏焉。既受學　黃師慶萱先生，教以學《易》自一家入門，乃克有功。項氏《易》學，宗本程頤《易傳》，又與朱陸二家問辨咨決，是以理學而闡《易》者也。義理之外，項氏又兼重象數之學，其書易讀，其說易入，此斯編之所以作。

　　文分八章二十五節，約二十五萬字。首章論其生平，編次年譜，所以知人論世，見其學行之始末。次章述其交游，以明項氏與當時理學碩儒、事功名士、文學雅客與朝廷僚友之情誼，並見其廣交博學之軌跡。第三章考其著作，錄其善本，以知鑒藏之惟艱，斠讎之匪易。第四章溯項氏《易》學之淵源，所以示其學本來自，源頭活水之歸宗，良有以也。第五章分析《周易玩辭》之內容，歸納其釋《易》之方法，以爲入門啓鑰之資。第六章繫《周易玩辭》之《易》例，所以發凡起例，以統《易》義，以見指撝。第七章乃本文之重心，專論《周易玩辭》《易》學之內涵，以探其象數、義理《易》學之精微，而觀《易》道之廣大悉備，所以極深而研幾，闡微而顯幽。末章結論，概述項氏《易》學之特色、影響與評價，冀能昭彰其書、廣明其學，以窺奧蘊並勵來茲。

　　本文之作，一以項安世之生平、交游、著作爲考索之重點，知人論世之外，尤有立本治學之意焉。故於考據、目錄、斠讎諸事，多所著力，振葉以尋根，溯流而討源，追本返始，時有意外之收穫，深得爲學之樂趣。再者，以項氏《易》學爲研

究之主題，《周易玩辭》爲立言之根據，《項氏家說》爲輔學之取資，故考其淵源，釋其方法，述其凡例，闡其精微以歸結焉。其人、其書、其學，由是可知一二，此余啓蒙之書，入道之師。撰成斯篇，乃不以「項安世《易》學研究」爲名，而易之曰「項安世《周易玩辭》研究」者，所以顯其名而彰其書，以爲學者之便識耳。

　　筆者學道粗疏，義理浮淺。茲編所論，不惟文字猥雜，尤患說理不精、曖昧難明之病，此所耿耿。寫作期間，渥蒙　黃師慶萱先生悉心指導，刻意裁成，感念莫名。良師如父似友，誠不敢妄自菲薄，辜負　先生之深所期許；必恆以孜矻勵學之行，以齎嚮道歸宗之志焉！一稔爲力，才學不足以濟之，故冗雜之弊，支離之說充斥其內，至祈博雅君子正之、教之，此筆者悃悃之願，坦坦之誠，幸能報之！

目　錄

第十五冊　蘇轍《詩集傳》研究

作者簡介

　　陳明義（1966～）台灣台中市人。東吳大學中國文學系學士（1986、09～1990、06）、東吳大學中國文學研究所碩士（1990、09～1994、01）、東吳大學中國文學研究所博士（1996、09～2004、02），現爲台中縣大里市修平技術學院應用中文系助理教授。在學術的研治上，師承自中央研究院中國文哲研究所林慶彰教授，並以詩經文本、詩經學史的相關問題爲研究專業。碩士論文爲：蘇轍《詩集傳》研究，博士論文爲：朱熹《詩經》學與《詩經》漢學傳統異同研究，另有戴溪《續呂氏家塾讀詩記》初探、輔廣《詩童子問》初探、劉沅《詩經恆解》初探等單篇論文。

提　要

　　宋代《詩經》詮釋的新傳統，在議論《毛傳》、《鄭箋》與批駁《詩序》下展開，歐陽脩《詩本義》的議論毛、鄭之失，蘇轍《詩集傳》的辨析《詩序》是「毛氏之學而衛宏之所集錄」，並刪去《詩序》首句以下的餘文（《續序》）以言《詩》；鄭樵《詩辨妄》的力斥《詩序》，王質《詩總聞》、朱熹《詩集傳》的盡去《詩序》，是此一新傳統發展、形成的主要脈絡。其中歐、蘇對於開啓宋代《詩經》詮釋的新傳統，貢獻尤大。蘇轍繼歐陽脩的議論毛、鄭後，在「平生好讀《詩》、《春秋》，病先儒多失其指」的動機下，撰作《詩集傳》，對於由《詩序》、《毛傳》、《鄭箋》、《毛詩正義》所構建的漢學傳統，進行了廣泛而深入的反省與思考，而其對於《詩序》的辨析、批駁、刪汰，及對於漢學傳統諸成說的批駁，使蘇轍《詩集傳》在《詩經》漢學傳統的崩潰，與宋學傳統的建立上，居於重要的地位。

　　本論文之撰寫，共分八章，首章「緒論」，說明本論文的研究動機與研究方法。二章「宋代《詩經》學的背景」，從《詩經》詮釋史的角度，分別就《詩經》詮釋的漢學傳統、中晚唐經學的新發展、宋代新經學的建立加以論述，以呈現宋代《詩經》學的背景。三章「蘇轍之生平與著述」，敘述蘇轍的生平事蹟，以見其爲人治事之一般。蘇轍爲唐宋古文八大家之一，世人所知似亦僅止乎此。實際上，蘇轍於文章之外，在學術上也卓然有成，其一生著述頗富，茲略述其治學之傾向、取徑及各項著述，以見其治學之梗概。四章「《詩集傳》之成書經過、板本與體例」，《詩集傳》爲蘇轍主要的學術著作之一，撰作的時間，貫穿其一生，茲就其成書經過、板本與體例加以考述。五章「《詩經》詮釋典範的動搖──蘇轍對漢學典範的反省、修正與批駁」，茲就蘇轍對於《詩序》的辨析、批駁及刪去《詩序》首句以下的餘文；蘇轍對

漢學典範諸成說的反省、批駁與詮釋，說明蘇轍《詩集傳》動搖漢學典範、勇於立說的精神與成就。第六章「蘇轍對漢儒說《詩》的批駁」，敘述蘇轍對於漢儒司馬遷、班固、毛公、鄭玄說《詩》的批駁，以彰顯蘇轍「深思自得」的治經性格及《詩集傳》中勇於批判漢學典範的路向、精神。第七章「《詩集傳》在《詩經》詮釋史上的影響」，茲先查考宋以迄有清學者對於《詩經》詮釋的思考與方式，說明蘇轍《詩集傳》辨析、批駁《詩序》，並刪汰《續序》，在《詩經》詮釋史上的影響。續就《詩集傳》對於《詩經》宋學典範的代表——朱熹，說《詩》的影響加以考察，由此說明《詩集傳》在《詩經》宋學典範的建立上，所具有的價值與貢獻。第八章「結論」，透過前述諸章的研探，確立蘇轍《詩集傳》在動搖漢學典範的權威、導啓與建立宋學典範上，所作的鉅大貢獻，而蘇轍《詩集傳》在《詩經》詮釋史上的地位與價值，亦由此可以確立。

目　錄

第十六冊　清末民初《詩經》學史論

作者簡介

　　陳文采，福建省連江縣人，1962 年生於台南，東吳大學中文研究所博士。曾任漢學研究中心助理研究員、台南女子技術學院圖書館主任。現任台南科技大學通識教育中心副教授。著有：《兩宋詩經著述考》、《清末民初詩經學史論》及〈顧頡剛疑古辨偽的思考與方法〉、〈黃節及其對《三百篇》詩旨的闡述〉、〈民初《詩經》研究的通俗化思考——以《國風》婚戀詩的新解與翻譯為例〉、〈黃遵憲在日本的觀察與思考〉、〈台籍作家在大陸——論許地山的故鄉情結與多元文化思考〉等學術論文十餘篇。

提　要

　　八〇年代起由於《詩經》研究風氣的開展，更多研究焦點投向近、現代，其間累積了不少相關的《詩經》學史料，另方面也促使在《詩經》研究議題與方法上的反省意識逐漸浮現。唯大部分的研究工作多限於一隅，且相較於二千年《詩經》學史的研究，「清末民初」的部分仍相對顯得薄弱。本論文從康有為的《毛詩》辨偽學，到傅斯年歷史語言學觀點的《詩經》研究，總共討論了五十五位學者，在一八八八至一九三八年的五十年間，所完成的一百三十餘種《詩經》研究著作，凡二十五萬字。主要的工作包括：文獻上的清理，和對這一斷代《詩經》學在學術意義及歷史意義上的探究。企圖梳理出清末民初《詩經》學的淵源、主要成績和影響，以呈現符合現代精神特質的《詩經》學史的論述。

　　第一章、清末今古文之爭與《詩經》研究的近代化：在清末今古文論爭下的《詩經》研究，最初的成果就是否定《毛序》的神聖性，創造直接涵泳經文的可能；再則「經本的真偽」與「方法的長短」，作為兩派對立的旗幟，正是雙方面對舊傳統的新思維。本章從辨偽的角度，重新審視清末今文家的《詩經》學；將章太炎、劉師培、黃節的《詩經》學著作，統整在「國粹派」的脈絡中陳述，以見出乾嘉古文《毛

詩》學在清末的演變，並藉以對應今文家的《毛詩》辨偽工作，突出清末今古文之爭對《詩經》研究近代化的意義。

第二章、「整理國故」運動與民初《詩經》學的發展：《詩經》議題在與「整理國故」相關的理論與實踐中，不斷被援引作爲範例，主要是因爲民初「整理國故」一派學者，企圖爲舊的學術傳統找尋出路，而《詩經》正好提供了適切的素材，影響所及也促成《詩經》研究的新發展。本章從《詩序》問題的討論、歌謠的《詩經》、《詩經》的通讀與概說三大範疇，剖析胡適、顧頡剛、陳延傑、鄭振鐸、俞平伯、朱自清、郭沫若、蔣善國、陳漱琴……等主要學者的論著，大抵可見三項積極性的成績：（1）是《毛詩》傳箋傳統的崩潰，及經典的史料化；（2）經書與民間文學的結合，特別是在找回《詩經》失落的文學性上有所創獲；（3）在國學教育和經典整理普及化的思考下，實踐爲《詩經》算總賬的工作。

第三章、新材料的出現與《詩經》考證學的更新：民初由於材料意識的提高，和龜甲、鐘鼎彝器的大量出土，爲《詩經》考證學的更新提供了適切的環境。主要著作的路向、觀點儘管各自不同，卻都是在國際漢學交流的氛圍下，結合新材料和實證科學方法論的成績。本章主要討論：（1）王國維二重證據法在《詩經》研究上的應用，（2）林義光、聞一多、于省吾等人，在《詩經》訓詁上的創發，以見出古文字學在《詩經》古義考釋上的支援；（3）傅斯年「歷史語言學」《詩經》研究觀點的提出與運用。

經由上述的考察，約可歸納出：實證科學方法論對《詩經》研究中「經學」組成部分的分解、《詩經》文學性質的確認、以白話文爲通譯媒介與《詩經》研究的普遍性發展，及從研究觀點的提出向多元學科《詩經》學的過渡等，四項清末民初《詩經》學的主要脈絡。

目　錄

第十七冊　《春秋穀梁經傳補注》研究

作者簡介

　　吳連堂（1957－　　），台灣雲林人，高雄師範學院國文研究所碩士，曾任國小、高職教師，現任正修科技大學副教授。本書為作者碩士論文。作者另著有《清代穀梁學》，高雄復文圖書出版社，1998。全書約三十萬言，旨在闡明清代《穀梁》著作之成就。該書並獲得國科會八十七學年度甲種研究獎勵。

提　要

　　《穀梁》之學，歷來隱微，至清季，雖稱經學復盛，而《穀梁》之隱微依然。清末嘉善鍾文烝，恐其面目精采永為《左氏》《公羊》所掩，將為斯文之闕事，乃窮三十年精力，因范《注》之舛略者，備為補正，成《春秋穀梁經傳補注》一書。本文即以分析、歸納之法，摘其旨要，期能呈顯鍾氏補注《穀梁》經傳之成就，亦冀能微助其彰顯《穀梁》精采之心願也。

　　本文計分六章，約十二萬言，茲略述各章旨要如后。

　　第一章「作者生平述略」。昔人有云：「欲讀其書，先識其人。」故首述鍾氏之生平及著述等，而尤著重鍾氏於此書之用心，及成書經過之敘述。

　　第二章「補注釋名、態度及體例」。此章闡明題為「補注」之由，及鍾氏補注經傳所持之態度，並明該書之述作體例，旨在予該書以一全面而概略之觀照，使能於該書之述作，得一基本之理念。

　　第三章「對范《注》之證補」。范甯《穀梁集解》，其成就及地位，自不待言，然其簡略舛誤之處，亦所在多有，此鍾氏《補注》之所以作也。其於范《注》之舛略者，或證補之，或申釋之，或糾其誤，或駁其謬；本章即以分析、舉證之法，闡明《補注》對范《注》之證補，如明范《注》徵引之依據，對范《注》文詞、禮制、史實、地名、書法等訓解之證補，並釋范氏之疑，及刪移注文、糾駁范《注》等。

　　第四章「對經傳之發明」。書名雖題「補注」，然其成就，尤在其證補范《注》之外，能於《穀梁》經傳多所創發，本章即就其成就之大者，如義理闡明、義例發明、文字訓詁、《穀梁》解經法、《穀梁》文章及版本校勘諸端予以論述，以明其於《穀梁》之貢獻。

　　第五章「論二傳及三傳異文」。鍾氏補注《穀梁》之外，時亦論及《左》《公》二傳，或較其異同，或批駁二傳，本章就此略作述評；又《補注》中於三傳經文之相異者，皆臚列之，或明其相異之由，本章就此予以歸納論述。

　　第六章「《補注》之疏失」。《補注》之成就，於第三四五章，當可窺其梗概；然亦不免有所疏失，故亦舉證論述之，不敢愛其書，敬其人，而私心掩諱也。

目　錄

第十八冊　皇侃《論語集解義疏》研究

作者簡介

　　高荻華，台灣台北人。國立台灣師範大學國文所博士生。曾任中央研究院史語所及資訊所語料庫計畫助理，現任台北科技大學、長庚技術學院兼任講師。著作有《皇侃論語集解義疏研究》、〈論葉適道統重構〉、〈論《禮記》「樂和」〉、〈論王國維《人間詞話》評夢窗詞〉等。

提　要

　　關於皇侃《論語集解義疏》的研究，一直較偏向於外圍的考據以及認為其雜染佛、老思想所起之批評。有鑑於此，本文所採取的方法乃是直接解讀原文，並與邢昺、朱熹之注疏作比較，以「性」、「命」、「仁」、「道」、「德」等概念為探討核心，觀察皇侃《論語集解義疏》對《論語》的詮釋是否適當，並藉以分析皇侃解經背後的思想特色。

　　首先，本文藉由歸納與分析皇侃對於《論語》中幾個主要概念（「性」、「命」、「仁」、「道」、「德」）的詮釋與思考，來釐清學者對於皇侃《論語集解義疏》中玄學化、揉雜佛道、虛誇浮誕部分的批評與質疑。其次，皇侃在《論語集解義疏》一書中展現了相當獨特的氣性人性觀與德行價值的要求。此種氣性人性觀與德行價值的要求，深究其基源，乃是來自於對和諧秩序的追求以及關於個體生命安頓的思考。關於個體生命安頓方面，可以分為個體自身的理想追求與個體處於群體間的互動關係。這是皇侃面對時代問題所展現出的思考與反省。

　　整體來說，皇侃《論語集解義疏》的基本思考點是放在個體理想實現與在群體中的立身處世來看，而其最後所關懷的，是理序世界的實現。理序世界不只是聖人治世，同時還是一個每個個體都能實現自己、都能完成自己的理想世界。我們從皇侃對「道」的詮釋中即可看出此一期待。這種期待呈顯出魏晉南北朝長期的政治紛亂中，人們對自我與世界的期待與思考。皇侃的《論語集解義疏》不僅表現出一個經學家的思想，同時也呈現出對時代的關懷，這是其可貴之處，也是本文極力想說明的部分。

　　最後，本文通過對於皇侃《論語集解義疏》的內部分析與探討，發現皇侃透過氣性人性觀，突顯出德行的價值，從另一個角度來說明道德的意義。以這樣的思考進路來詮釋《論語》中的「性」、「命」、「仁」、「道」、「德」等概念，有別於宋明清以來，《論語》學的權威，朱熹《論語集注》的觀點。透過皇侃與朱熹兩種不同詮釋

觀點的比較，也提供了我們多元的思考方向。

目　錄

林兆恩《四書正義》研究

作者簡介

　　吳伯曜，台灣彰化人。東吳大學中文系學士、彰化師大國文系碩士、高雄師大國文系博士。曾任高雄師大國文系兼任講師，目前任教於大葉大學。主要研究領域：經學、四書學（史）、《四書》詮釋、經典詮釋、陽明思想。課餘經常撰寫文章闡揚《四書》哲理，並致力於推展成人讀經、經典讀書會。

提　要

　　林兆恩處在晚明三教合一思潮、四書學研究熱潮和王陽明心學風潮三大時代學術、思想潮流之下，其思想、著述多少會受到影響。其《四書正義》，可以說正反映出這樣的時代思潮。

　　對於《四書》的詮釋，林兆恩有其獨特的詮釋方法與態度，即：一、根據個人的研讀理解與生命體悟來詮釋《四書》；二、廣引諸家以及三教之說；三、說理輔以歷史、寓言或傳說故事；四、以「三教一致」觀點詮釋《四書》；五、對朱注的引用闡發與批評。

　　林兆恩的「三教合一」論與「歸儒宗孔」說為《四書正義》的思想主軸，而其「心學」思想、本體說與心性說亦為《四書正義》重要的思想內涵。而林兆恩在《大學正義》當中，所提出的關於《大學》經、傳區分的看法以及其對「格物致知」說的見解，亦為《四書正義》的內容特色。

　　此外，晚明四書學著作當中，託名李卓吾著的《李氏說書》，經筆者核對證明其為改竄自林兆恩《四書正義》的偽書。

　　關鍵字：林兆恩、四書學、三教合一、心學、格物致知。

目　錄

第十九冊　黃宗羲《明儒學案》之研究

作者簡介

　　韓學宏，馬來西亞人，政治大學中文所博士。現職爲長庚大學通識教育中心助理教授，兼藝文中心主任。首屆趙廷箴文教基金會得主之一，斐陶斐榮譽會員，曾獲教育部國語文論文競賽大專組第一名，同時考取政大、中山、輔大博士班，近年研究鳥類文化。專著:《黃道周經世思想之研究》、《唐詩鳥類圖鑑》、《宋詞鳥類圖鑑》（第 29 屆金鼎獎入選圖書）。單篇論文:〈全唐詩中的黃鶯與黃鸝〉、〈穴烏、穴鳥與寒鴉〉、〈試釋《禮記‧月令篇》的「鷹化爲鳩」〉、〈三峽祖師廟的鳥類構圖試探〉等，其他鳥類文章散見於報章期刊。

提　要

　　有關《明儒學案》的研究，本文從考釋「學案體」，介紹《明儒學案》之成書與內容，對「師說」與《明儒學案》作一比較研究，說明黃宗羲的學術史觀以及其陳述學術史的方法，使我們對《明儒學案》一書有了更深入的了解。本篇論文首先指出「學案」一詞具有幾層涵義，在「明儒學案的成書與內容」中，指出作者有意識的在書名上加入一儒字，顯然是以傳承孔孟之學的儒者爲其編撰對象。

　　全書 19 學案當中，可歸納成十個學案（學派），其他不能歸派者，統入諸儒學案當中。具有劃時代意義的明儒有 11 人。至於學案所收儒者在 280 人以上。

　　有關前人對於《明儒學案》的評價，除了肯定黃宗羲《明儒學案》的貢獻之外，對於《明儒學案》一些原始資料即發生疑誤之處，本文也詳加辨析，不管是傳目文字，或是引述之原著資料，乃至於是黃宗羲在陳述一己之見解，或判斷評價其中出現的疑誤，諸如「師說‧羅汝芳傳」等，筆者曾辨析其中可能的疑誤與陷阱，使我們在引述時不得不多加留意。

目　錄

第二十冊　《宋元學案》成書與編纂研究

作者簡介

　　葛昌倫，1975 年生於台北。早年就讀於台北市立南港高工汽車科，於役畢後考入中國文化大學史學系。於就學期間受李紀祥老師之鼓勵，啟發對史學史及學術史之興趣。畢業後考入佛光人文社會學院歷史學研究所碩士班，並從李紀祥老師學習。

現爲國立中正大學歷史學研究所博士班學生。

提　要

　　《宋元學案》爲黃宗羲晚年繼《明儒學案》之後著手進行之學術史著作，其內容及規模均較《明儒學案》更爲龐雜。然《宋元學案》之編纂歷程甚爲複雜，自黃宗羲著手編纂以至馮雲濠和王梓材完稿之時，歷時約一百五十餘年，其中參與編纂之人數更高達五十餘位。就書籍之編纂而言，其費時費工均甚爲可觀。探究其編纂前之各種版本，除有助於理解《宋元學案》成書之過程外，更有助於理解《宋元學案》編纂之動機。而產生各種版本前，必先有版本之創造者，亦即編纂者之參與，方能產生版本。因此在論述版本流傳影響前，對各編纂者，及其關係作一釐清，將更有助於理解版本產生之原由及其傳佈。而版本之研究，首重體例間之差異比較，在對讀部份《宋元學案》主要版本之體例後，更容易瞭解不同時期版本編纂之編纂理念，而這些理念也被書寫進文本之中。全祖望在《宋元學案‧安定學案》中所言「宋世學術」一詞，除了是全祖望對於「宋學」的理解之外，更可以展現出其編纂《宋元學案》之意識。

目　錄

第二一冊　《續玄怪錄》研究

作者簡介

　　徐志平，台灣師大國文研究所碩士，台灣大學中文研究所博士，曾任國立嘉義大學中文系教授兼系主任，中正大學台文所、中興大學中文所兼任教授，現任嘉義大學中文系教授。曾獲教育部文藝獎、嘉義市桃城文學獎。著有《續玄怪錄研究》（碩士論文）、《晚明話本小說石點頭研究》（學生書局）、《清初前期話本小說研究》（學生書局）、《明清小說－明代卷》（黎明文化公司）、《五色石主人小說之研究》（秀威資訊），編著《中國古典短篇小說選注》（洪葉文化公司）、《中國古代神話選注》（里仁書局）、《大學文選》（新學林出版社），以及單篇、研討會論文二十餘篇。

提　要

　　唐代小說早期多以單篇行世，中晚期始出現較為重要之小說集。其中，牛僧孺之《玄怪錄》以及李復言之《續玄怪錄》即為具有代表性之二部。李氏之書雖以「續」牛氏之書為名，但與《玄怪錄》以純錄怪為主之性質有所不同。李氏之書雖亦有少數錄怪之作，但有一大部分旨在表現人性衝突之主題，篇幅亦多較牛書為長，注重結構佈局及細節描寫，人物性格之刻劃亦深刻而生動，其中不乏一流之作。本論文詳考《續玄怪錄》一書之作者、版本、篇章歸屬，探索各篇及全書之主題思想，分析各篇之寫作技巧，並以其他同樣題材之同時期小說進行比較研究。研究成果證明，《續玄怪錄》一書，無論主題思想、寫作技巧之表現，在唐代小說中皆屬上乘，值得讀者多加留意也。

目　錄

第二二冊　《說岳全傳》研究

作者簡介

　　張火慶，東吳大學中文博士、中興大學中文系教授；研究中國小說二十餘年，相關論文多篇，選集成書：《中國古典小說的人物形象》；近年來，轉向佛教文學之探索，除了單篇論文之外，有專著《小說中的達摩及相關人物研究》。

提　要

　　這本論文是對戲曲小說之「岳飛傳」第一次全面性的研究，所探討的作品，包

括：元雜劇 2 本、明清傳奇 5 本，及明代之短篇小說 2 篇、長篇小說 3 本，最後總
結於清初的《說岳全傳》。這些作品取材於岳飛生平的重要事蹟與民間傳說，前後相
承、演化、改動，自成一個敘事系統，成立了一些情節類型；不僅繼續在後世的戲
曲小說中演述，也刺激了相關問題的創造性想像與詮釋。

　　本論文從多角度探討《說岳全傳》人物造型的意義、及敘事結構的內涵，也就
是以「天命與因果」為主導的歷史人事之演出；從抗敵禦侮的「民族英雄」岳飛之
傳奇生涯，立體開展兩宋之間，政治、外交、軍事，及人物、事件、行動等錯綜複
雜的內容，甚至延續到第二代，脫離史傳而另作翻案，以符應民間的情感。故事很
豐富，思想很傳統，可完整的建立中國歷史小說中「英雄傳奇」的個人（神話）造
型、及相關人物的（正反）類型，並涉及「盡忠報國」「結拜互助」之倫理觀念、及
「佛道混合」「善惡報應」之信仰內容，本論文都有詳細而中肯的評析，以及獨具隻
眼的創見。家喻戶曉的岳飛，兼具「歷史人物」與「民間英雄」的雙重形象，若分
而言之：事相上的功過，或將存檔於史書中；精神上的典範，早已昇華為正神了。
合而論之，則是歷代史家與文人共同塑造了多重面向的岳飛。

目　錄

第二三冊　尤侗《西堂樂府》研究

作者簡介

　　沈惠如，東吳大學中文研究所博士，經國管理暨健康學院通識教育中心副教授

兼主任。2004 年曾獲第二屆中國王國維戲曲論文獎，業餘從事戲曲創作。著有《尤侗西堂樂府研究》、《劇本研讀》、《永恆的戀曲》、《戲弄美麗的人生》、《幸福的黃金距離》、《從原創到改編──戲曲編劇的多重對話》，劇作則有京劇劇本《廖添丁》（與邱少頤合編）、《水滸英義》、《閻羅夢》（與陳亞先、王安祈合編）、清唱歌劇《烏江恨》、實驗崑劇《小船幻想詩──爲蒙娜麗莎而做》、《戀戀南柯》等，後兩齣同時入圍第五屆台新藝術獎。

提　要

　　本論文針對清代戲曲名家尤侗的劇作《西堂樂府》作一全面性的探討，並由多重角度加以徵驗，使其獲得客觀公正的評價。資料的搜尋，遍及史料、方志、詩文集、劇曲作品、專門論著、戲曲音樂理論等，並兼涉西洋戲劇理論、劇作及文藝創作心理學。

　　全文約十七萬言，共分五章、二十二節。首章敘述尤侗的生平，從家世、生平、交遊、著作、文學觀五方面來探討，以明瞭其家風、經歷、對他作劇有影響的人、作品風格及戲曲觀念。第二章與第三章，將《西堂樂府》分雜劇、傳奇兩部分來討論，論述的項目包括主題、結構（第三章因傳奇的篇幅較大，聯套較爲複雜，故將結構部分分為布局、排場兩節）、文詞、腳色、音律和景觀，務求完整而詳盡。第四章超越劇本本身，將《西堂樂府》在思想、題材、劇曲藝術、實際演出上之特色置於時代環境與戲曲史中，並搜羅旁證，以確立其在清代戲曲中的地位。此章分爲「翻案補恨思想的巧妙運用」、「寫作動機與題材的時代性」、「情節的出奇制勝」、「實際演出的情形」四節。第五章爲結論，希望藉由本書，能使得戲曲作品的研究更加落實。

目　錄

第二四冊　《說文繫傳》研究

作者簡介

　　張意霞,西元 1966 年生於高雄市。畢業於中興大學中國文學系學士班、逢甲大學中國文學系碩士班、臺灣師範大學國文研究所博士班。碩士論文指導教授為孔仲溫（即之）先生,題目是「《說文繫傳》研究」;博士論文指導教授為陳新雄（伯元）先生,題目是「王念孫《廣雅疏證》訓詁術語研究」。主要研究領域為文字學、聲韻學、訓詁學,其次為修辭與歷代文學。作者曾任蘭陽技術學院學生輔導中心輔導老師、進修部課務組組長,目前為通識教育中心國文組副教授。

提　要

　　徐鍇《說文繫傳》是現存最早的《說文》註本，它在說文學的歷史傳承上扮演了極重要的角色。而且《說文繫傳》的內容有註有論，在註的部分，徐鍇依照「文字之義無出《說文》」的原則，忠實地保存了《說文》的眞貌，即使見解上產生歧異，徐鍇也會註明何者爲個人的意見，不會和許愼原有的說解相混淆；在論的方面，徐鍇充分表達了自己對六書的看法、對李陽冰誣妄的釐清，以及對《說文》部首「據形繫聯」的見解。縱然其中有很多的說法以現今的標準加以檢視都是不周全的，但也是瑕不掩瑜，《說文繫傳》對於後代學者的啓迪與影響，還是不容忽視的。

　　本文內容共分爲五章：

　　第一章爲緒論。主要說明本文的研究動機、目的與方法，以及作者的生平、時代背景與著作簡述，此外也會討論到《說文繫傳》版本的流傳，並對《說文繫傳》反切的問題略做探討。

　　第二章爲《說文繫傳》字數、結構與體例的分析。文中包括各卷於載字數與實際字數歧異的原因、今本《說文繫傳》組成的結構的分析、徐鍇註解型式的分類舉例，以及《說文繫傳》稱人引書概述。

　　第三章爲《說文繫傳》六書理論的析述。

　　第四章爲徐鍇《說文繫傳》評析。在本章中對於徐鍇撰寫《說文繫傳》態度和體例的得失、文字理論、《說文繫傳‧部敘》內涵和《說文繫傳‧袪妄》內容都做了一番討論。

　　第五章爲結語。綜合前四章所探討分析的結果，說明《說文繫傳》對後世的影響及貢獻。

目　錄

第二五冊　王紹蘭《說文段注訂補》研究

作者簡介

　　陳清仙，一九七三年生，台灣省苗栗縣人，逢甲大學中文研究所碩士，目前任教於苗栗縣立頭份國民中學。

提　要

　　小學至清朝尤其昌明，名家輩出，不勝枚舉。其中《說文》之研究蔚爲風氣，而成果更爲豐碩。諸學者中又以段玉裁《說文解字注》集清代許學之大成，影響後世甚鉅。然段玉裁《說文解字注》書成之時，段氏年已七十，精力就衰，未能再次檢閱釐正，時有前後之說牴牾之處，故校讎之事，應歸於後世學者爲是。而王紹蘭《說文段注訂補》一書即是在此風潮與目的下撰作而成的。

　　筆者此篇論文名爲「王紹蘭《說文段注訂補》研究」，共分四大章做說明：

　　第一章緒論，筆者先說明撰寫此篇論文的動機、目的與方法，其次說明歷來對《說文》段注研究之情況爲何，最後介紹王紹蘭的生平以及著作整理。

　　第二章《說文段注訂補》刻本、字數與體例的分析，首先言《說文段注訂補》一書的流傳概況與刻本異同，筆者發現《說文段注訂補》目前有「蕭山胡氏刻本」與「吳興劉氏新刻本」二者，而「吳興劉氏新刻本」之內容竟少「蕭山胡氏刻本」約十分之四，可知「吳興劉氏新刻本」並非一完本。筆者進而將此二刻本之內容、字數、編排、字序等制成一統計表格以比較二者之異同。再者將《說文段注訂補》一書之寫作方法以六點做介紹，以及將寫作體例分爲十大項，並詳舉其例以做說明。

　　第三章《說文段注訂補》內容之評析，筆者首先以形、音、義、句讀和版本等五大方向來分析王紹蘭訂補段注之原因，且將其做一詳細論證。接著舉例說明《說文段注訂補》內容寫作上的特色，並探討王紹蘭在撰寫時所秉持的態度，以見《說文段注訂補》是否有其存在之價值與意義。

　　第四章結論，在經過以上對《說文段注訂補》的研究與探討後，筆者首先以音義、歸字和連讀等方面，試著說明王紹蘭的文字學觀。且從「援引精博，有利訓詁考據」、「訂正與補充，使《說文》和段注臻於眞善」以及「運用金石文字做說明」等三方面，說明《說文段注訂補》一書的成就與其對後世的影響。最後總結此論文，述說筆者撰寫後的研究心得與感想。

　　大體而言，王紹蘭《說文段注訂補》一書的優點在於論據精確、旁徵博引、資料豐富，有利於訓詁考據；而缺點在於引述資料方式稍嫌雜亂，歸字之說不夠周全，並缺乏一套聲韻通轉理論的完整說明，然優點仍大於缺點，實誠如胡樸安於《中國文字學史》一書中所言「爲讀段注者所不可不讀之書」也。

目　錄

第二六、二七冊　《說文古籀補》研究

作者簡介

林葉連，民國 48 年（1959）2 月，生於臺灣南投，祖籍在福建省漳浦縣，中國文化大學文學博士。在潘師重規、陳師新雄、左師松超指導下，主攻《詩經》學，曾於 2004 年，榮獲中國《詩經》學會在河北承德避暑山莊頒發第二等獎。至於文字學方面，《說文》之學受陳師新雄、許師錟輝、林師慶勳教導。古文字學承李師殿魁教導，李師則學自嚴一萍先生。著有《中國歷代詩經學》、《詩經論文》、《國學探索文集》、《勵志修身古鑑》、《儒家五倫思想》，現任國立雲林科技大學漢學所所長。

提　要

本書主要針對吳大澂（齋）的《說文古籀補》一書加以系統性的研究。吳大澂除了在清朝官場上卓有勳績之外，也是當時非常重要的古器物收藏家、古文字學家，一時文采風流，熠耀京國。在此之前，古器物往往僅供人收藏把玩，吳大澂首先確立三代銘文更崇高的價值，將它們納入古文字研究的領域中。

金文字典的編纂方式有三類：一是按韻編次，如呂大臨《考古圖釋文》。二是按《說文》順序編次，如吳大澂《說文古籀補》。三是按《康熙字典》部首編次，如高明《古文字類編》。吳大澂是其中一類的創始人，其篇章編纂方式大致上為容庚《金文編》所沿用；至於兼採陶、璽、錢幣等文字的體例，雖然容庚《金文編》不採行，但為徐中舒《漢語古文字字形表》及高明《古文字類編》所沿用。因此，《說文古籀補》的體例，深深影響了第二、三兩類金文字典。

本書研究的項目，包括吳大澂的生平、《說文古籀補》的體例及版本、古文字結構的解析、字體的摹寫及隸定、所引器物研究。客觀地評估吳大澂的貢獻，並且逐一檢討其缺失。是一本針對金文字典所作多角度探索、注重源流發展的書籍。

關鍵字：說文古籀、吳大澂、金文、銘文

目　錄
上　冊

第二八冊　拾得及其作品研究

作者簡介

　　方志恩，臺灣省台南市人，一九七九年生。華梵大學中國文學系、東方人文思想研究所碩士班畢業，現為東方人文思想研究所博士生。曾任南市安順國中補校國文教師、擔任華梵大學東方人文思想研究所《佛教文獻與佛教文學研究專刊》、《中國儒學與中國文獻研究專刊》主編，並發表〈明代詞僧釋正嵒生平事蹟繫年〉、〈宋代詞僧釋淨端及其「漁家傲」四闋探研〉、〈從歷代目錄看「拾得詩」之版本及其流傳情況〉、〈唐白話詩派研究述略──以王梵志、寒山、龐蘊為考察對象〉、〈從來是拾得，不是偶然稱──唐白話詩僧拾得生平年代考略〉、〈《寒山詩集》唐代傳本考述〉等多篇學術論文。

提　要

　　本文主要分為「生平」與「詩作」兩大脈絡，旨在釐清拾得生世之謎與闡發作品意蘊，全書凡六章，內容大致如次：

　　第壹章「緒論」。揭示本論文研究動機、方法，所用資料處理與原則，及概述研究現況。

　　第貳章「拾得生平探索」。運用資料蒐集、排比、整理等方法，爬梳拾得生平文獻，並予以考證、分析，勾勒詩人活動年代、交遊崖略。

　　第參章「拾得詩集之流傳與研究」。主要探討詩集版本流傳、輯佚與校勘等議題。其中，依項楚《寒山詩注》本中拾得詩與國內圖書館所藏善本、注本進行校勘、補充，為此章重點之一。

　　第肆章「拾得詩歌內涵之分析」。將拾得詩作中內容性質相符者，倫類分次，並加探析、評賞，以瞭解詩偈淵源、題材類型等內涵。

　　第伍章「拾得詩歌形式探析」。說明詩歌體貌與聲律特色，藉以探究拾得詩作形式特質。另章末重新董理之韻譜，提供音韻學方面可用參考資料。

　　第陸章「結論」。陳述拾得詩對後代白話詩文之影響及其地位，賡續依據個人研究結果，提出綜合性結論與展望。

目　錄

第二九冊　唐五代仙道傳奇研究

作者簡介

　　段莉芬，彰化人，祖籍河南洛陽。東海大學中文系博士，現任大葉大學通識教育中心國文教學群副教授。研究方向以古典小說為主，教學上除古典小說外旁及古典詩歌。個人部落格「青鳥之音」www.wretch.cc/blog/greenbird

提　要

　　仙道作品向來在小說中佔有相當的數量，而在唐傳奇中亦有不可忽視的地位；然而過去研究唐傳奇者，多半視之為傳奇素材之一，或作為作品的時代及思想內容的分析項目之一，未有專以之為傳奇之一重要的題材類別。本論文因此針對唐傳奇中的仙道故事進行研究。

　　論文大體分為兩大部分：第一部分是唐傳奇中現的仙道思想，如成仙的理論與修件、成仙與修道的方法、唐人心目中的神仙世界等；第二部分是仙道傳奇的類型分析。最後則歸納仙道傳奇的特色。

　　唐傳奇的仙道思想，一方面承襲六朝的成仙思想，另一方面又呈現了唐人的精

神正貌。唐人相信神仙可學，又接受仙骨說和宿命論，前者顯現修道的主觀意志，後者則歸之於先天的骨格命相，求道之人所以得遇仙師、得受仙食，皆因仙骨與仙緣的命定，後者這種思想成爲仙道傳寄遇仙的主題之一；在成仙的宿命論中，處處浸染者唐人的定命觀，成仙或爲官（宰相）皆有前定，唐人既想成仙，但也希冀在世的富貴顯達，此種思想特質在傳奇作品中便形成一種類型，以成仙或富貴爲主題。

　　六朝入山修道的風氣在唐更加風行，名山洞天的仙境諸說在唐人手中發展完備，並進一步成爲遊歷仙境的諸類型。以海外入仙境者，富含有六朝博物志怪的風采；而深山求道、仙人邀遊等類型中，必以名山洞天爲重要背景。

　　六朝的仙眞傳記在唐五代繼續發展，並成爲仙道傳奇中最主要的作品。其思想內涵一者在宣揚世有神仙，一者以諸仙眞之異能爲宣教的材料。在寫作形式上，由六朝粗陳梗概之仙傳形式，踵事增華，揉合史實與傳說，增添虛構性的細節描寫，使仙傳更具可讀性與傳奇之趣味性，爲往後的仙傳形式奠定大樣。在唐五代仙眞傳奇中，女性修道教事的增加和各種謫仙故事的出現，最值得注意和深究。

　　仙眞傳奇的世俗化，最主要出現在人仙情緣的類型故事中。人仙（神）情緣的故事原型原本具有相當的宗教意味，而唐人將之轉爲世間人情的描寫。如果不管其中仙的氣息，有的作品往往被視爲愛情傳奇。

　　以上，爲本論文之大要。

　　本論文試圖對唐仙道傳奇作一完整的內容與形式的分析。但實際完成後，深覺這只是一個開端，實際上還有許多問題有待進一步的探究。

目　錄

第三十冊　《神農本草經》研究

作者簡介

　　施又文，台灣省彰化縣人。輔仁大學文學士，台灣師範大學文學碩士暨博士。曾在國立臺灣師範大學、私立輔仁大學兼任，現任教於朝陽科技大學。民國八十三年以前，主要從事文學研究；是年之後，始接觸中醫藥典籍。曾問藥於故中國醫藥大學謝文全教授，並自修通過國家中醫師檢定考試。中醫藥相關論述有：《神農本草經研究》、《魏晉南朝士人服散之探究》、《親切的中國藥草小故事》等。

提　要

中藥材原稱爲「本草」，記載中藥的著作亦沿用此一稱呼。

本草自《隋書經籍志》以後皆列入子部醫家類，《神農本草經》是中國現存的第一本藥物書。要研究中國藥物，追根究始，當以此書爲出發。然而針對本書作學術性研究，目前國內僅有謝文全先生《神農本草經之考察與重輯》。

本研究分成六章。

首章敘述筆者研究本書的原因，本書的重要性。

次章前面四節皆與《神農本草經》出現的背景有關。第一節嘗試爲該書經文中的神仙精鬼思想，作一背景的溯源。第二節敘述周朝到兩漢的醫事制度，並且推斷本草書的出現與東漢以後醫藥各有專司，藥劑權獨立出來有密切的關連。第三節探討口傳師承式的教育對《神農本草經》傳本的影響。第四節陳述本草書多出現在東漢以後，時間晚於方劑書，並分析其中成因。第五節探討周秦兩漢的藥理觀，彼時藥理觀亦反映在《神農本草經》的藥品內容上。

第三章首先探討《神農本草經》書名的涵義，筆者認爲該書並非神農所作，而是往昔尊崇先聖、託古於神農的一本專業藥書。次則討論本書從出現、流傳、亡佚到輯復的經過。再則討論該書卷數——三或四卷——的分合問題。

第四章探討《神農本草經‧序錄》的內容。序錄，顧名思義，即序文與藥品目錄。《本經》序文約 600 字，總論藥物理論，今歸納成藥物本體說、藥物外緣論、藥物的劑型、用藥與治病各節來論述。

第五章《神農本草經》藥品之研究，個別探討藥品的來源，分析藥品得名的根據，以治療的體位來歸納藥品的效用，並且綜合整理該書藥品的組織條例四種。

第六章探討《神農本草經》的價值。該書收錄的藥物，大部分到現在仍爲中醫常用藥，其藥效主治大多記載可靠且歷經時間的驗證。該書的體例及編輯形式，對後來本草書有相當重要的啓發作用。

第七章結論，係對前面各章的發展以摘要方式簡潔而扼要的重述；舉凡重要發現，亦一一略予討論，並指出本研究未盡周詳之處，有待將來繼續研究的方向。

目　錄

焦竑及其《國史經籍志》

李文琪　著

作者簡介

李文琪，一九六三年出生於台灣省台中市，河南省孟縣人。輔仁大學中文系、東海大學中文研究所碩士班畢業。現任教於弘光科技大學文化事業發展系，擔任大學國文、基礎寫作、文學經典閱讀等課程。教學之餘，現致力於華語文教學等課題。

提　　要

　　《國史經籍志》六卷，明焦竑撰。

　　焦竑，字弱侯，為明萬曆進士，官翰林修撰，學殖淵深，著述宏富。生當明代心學發達之期，從耿定向、羅汝芳學，思想近禪家，為明泰州學派後勁。又與李贄交好，故而降及清代，不為朝廷所喜，於所撰書頗加攻訐，致其學術思想成就，幾湮而不彰。

　　《國史經籍志》乃為有明國史而撰，因以名之。採通代收書之例；首置制書類，次經部十一類，史部十五類，子部十六類，集部五類附詩文評；類下再分細目，凡五部，五十二類，三二四目，為我國目錄學史上第一部四部三級分類之書目，具有歷史的意義。

　　《國史經籍志》因係焦竑之著述，受清廷詆毀，致使其書亦隨其人之事蹟而不為人所熟知。《國史經籍志》之體例、分類，與鄭樵藝文略分類併合之異同，至今尚未有作整體論述者，因取焦竑之生平、學術成就，與《國史經籍志》一書為研究之課題，冀使焦竑及《國史經籍志》之價值得以彰顯。

　　全文近九萬字，首冠緒言，以明撰述之旨，下分七章。第一章為焦竑生平及其學術思想；第二章為焦竑著述考；第三章論《國史經籍志》成書之背景依據與傳本；第四、五章分論《國史經籍志》之體例及分類；第六章總結全文，並為《國史經籍志》之得失與影響，作一評價。

目

錄

序

　　近代論述中國書史者，多斷始於清季西洋圖書館學輸入我國，各省藏書樓之建立。蓋以我國藏書源起雖古，若周之柱下，漢之蘭臺東觀，率秘閣典藏重在保存文獻。明清以來私家所貯，因重宋元，珍祕扃藏。是以歷代藏書雖富，人莫由得見，皆無可比擬西洋圖書館之公開閱覽，具啓迪民智之功能也。

　　然據史載，東漢黃香嘗奉詔，詣蘭臺盡讀未見書；明清進士，選爲庶吉士，得讀書中秘一二年，是秘閣所貯，非不供覽。是以乾隆修四庫，建南三閣，供士子借閱傳錄。至若私家收藏，亦不乏公開供借閱之史實，如北宋之宋敏求，藏書三萬卷，多善本，時士大夫喜讀書者，多僦居其家之側，以便借讀。南宋鄭樵好搜奇訪古，遇藏書之家，必借留讀盡乃去。不僅此也，復有爲利便讀者，或具備膳餚，或構屋供宿，若宋胡仲堯構學舍于華林山別墅，聚書萬卷，大設廚廩以延四方遊學之士，子弟及遠方之來肄學者，常數十人。蔡瑞購書置石庵，增其屋爲便房，供來讀之人寓住，且買田百畝以助飲食，幾有近代圖書館之規模焉。

　　惟是此類資料零星散載，鮮爲前人所重視，余以爲欲撰著中國圖書館史，首宜研治前代藏書家之如何採訪、編目、分類、典藏，以及利用入手，故常時鼓勵圖書館學研究所同學作此方面之研究，祗以庶務冗雜，無暇指導，廼以此意商之潘美月教授，伊欣然同意，在台大、東海中文及圖書館研究所執教，多指導研究生作清代藏書家之研究，數年來卓有成效。雖諸生學力稍嫌不足，縷述不夠明晰，然資料蒐擷之勤，分析探究，尙能洞察其微，實有足多。今胡述兆教授選擇十種，合爲一輯，交漢美圖書公司出版，以廣其傳，庶彼等心力能供治我國圖書及圖書館史者之參考。余謹略述顚末，以發其耑。

昌彼得謹識 1991 年 3 月于國立故宮博物院

緒 言

　　焦竑，字弱侯，明萬曆南京（應天府）人，撰有《國史經籍志》六卷，採通代收書之例，收錄自三代以來，至明代現存之書。由於焦志原先乃爲國史而修，後雖因故國史未能修成，但後來仍以國史爲名。

　　焦竑於嘉靖四十三年中鄉試舉人，以後數次參加會試均落第，後從耿定向、羅汝芳學。萬曆十七年始中會試，時年己五十，並以殿試第一授翰林院編修。「萬曆二十二年，大學士陳于陛建議修國史，欲竑專領其事，竑遜謝，乃先撰經籍志，其他率無所撰，館亦竟罷。」（見《明史》卷二八八文苑傳）萬曆二十五年主順天鄉試，遭人搆陷，謫福寧州知。後辭官歸里講學，泰昌元年（西元 1620）卒，年八十一。生平藏書很多，著作也頗豐，然以其與李贄交好，不爲清廷所喜，故《四庫全書》多將其著作摒入存目中而不加著錄，致使焦氏之學術成就湮沒而不爲世所知。有關焦竑之生平，多錄於其文集中，近人容肇祖先生，於民國二十七年六月出版之《燕京學報》第二十三期內，有〈焦竑及其思想〉一文，將焦氏生平以年譜列之，本文便以容文爲依據，焦氏文集《澹園集》爲輔助資料，將容文增刪改併，仍以年譜述之。並將不爲清廷所喜的焦氏三教歸一思想，及其師承，加以敘述。另外將各史志書目所載，及台灣現存之焦氏著述，按撰著及編述分類，略述其版式及內容。

　　焦竑之撰《國史經籍志》，乃以鄭樵的《通志·藝文略》爲底本，因此焦志與鄭略，無論在體例與分類上，均有共通之處；唯焦志乃是以鄭略爲基礎，加以創新更刪的，因此《國史經籍志》也有一套完整的體系，並有超越鄭略之處。如《國史經籍志》有小序之體，此非但能補鄭氏之缺，更具有歷史的意義，因此應詳加討論。又如焦志之分類，乃以鄭樵《藝文略》自創的十二類分法，在大略下分小類，小類下再分細目的十二大類三級法爲主，而採荀勗、李充以來的四部分類法，

將書籍重新編排，分爲經、史、子、集四大類（另加制書類爲五類）、五十二小類（四十八類另加制書類四小類）、三百二十四個屬目。因此焦竑的《國史經籍志》可與《鄭樵藝文略》共稱爲中國目錄史上圖書分類最爲纖細的兩部書目。歷來目錄書，對焦志之體例與分類，都僅有零星之論述；於焦志的基礎——《鄭樵藝文略》，及後世受焦志影響之書目，亦未曾有整體之討論。本論文將對焦志之體例及分類兩方面分別論述，並述及糾繆一卷於後世目錄書之影響。

至於《國史經籍志》的評價，昌彼得先生在《屈萬里先生七秩榮慶論文集》內，有〈焦竑國史經籍志的評價〉一文，將焦氏之優缺點及價值深入討論，本論文於昌先生之研究成果，或於注文中參照，或直接引用，俾益不少。

全文共分六章，每章之先冠以總論，以明研討方向。首章爲焦竑生平及其學術思想，其中焦氏生平以年譜方式編寫。第二章爲焦竑著述考，將焦氏著述略之，以彰顯其學術方面成就。第三章爲《國史經籍志》成書背景依據與傳本，說明此書得以問世之緣由及傳本。第四章及第五章，分別討論《國史經籍志》之體例及分類，再附以其得失與貢獻之討論。第六章總結全文，並爲《國史經籍志》作一評價。最末則附以參考書目，略依《四庫全書總目》之編排方法排列。

本文之作，承蒙潘師　美月悉心指導，諄誨啓誘，謹致深忱謝意。猥以固陋，尚繁疏失，尚請博雅君子不吝指正。

中華民國 76 年 4 月李文琪謹序

第一章　焦竑生平及其學術思想

　　焦竑爲明萬曆進士，官翰林修撰，故其學淵深，善爲古文，著述頗豐。又當明代心學發達之期，復從學耿定向、羅汝芳，並與李贄交好，故思想頗近禪家，爲明泰州學派一後勁。然時人頗以禪學譏之，迄清又因李贄而不爲清廷所喜，於其書任意攻詆，使焦氏學術成就湮而不彰。

　　蓋讀其書，應先知其人，故首章先就焦竑之生平、學術思想二方面討論之。首節生平以年譜方式編寫，唯因資料有限，故以容肇祖先生所撰之年譜爲底本，並參考其文集《澹園集》書之，所交往友人亦多爲泰州學派者。第二節焦竑學術思想則主爲闡明焦氏三教歸一之說。現分述如下。

第一節　焦竑年譜

　　焦竑，字弱侯，號漪園，又號澹園，南京（應天府）旗手衞人。原籍山東省日照縣。明初遠祖宦遊留居南京，遂家於金陵。焦竑有〈與日照宗人書〉，說道：

> 我祖武略公自國初以宦遊留金陵，二百餘載矣。德靖間飢疫相仍，一
> 門凋謝，秖餘吾父騎都尉一人耳。（《澹園集》十三）

汪道昆《太函副墨》十七卷〈明故武毅將軍飛騎尉焦公墓誌銘〉亦曰：

> 焦氏自瑯琊徙金陵，自別祖源始。高皇帝兵起，源從常忠武歸之，累
> 軍功封昭信校尉，源子以先登最，帝賜名庸，進封武略將軍，秩副千户；
> 庸故，子武襲；武故，子昱襲，昱受室方氏，舉武毅公。

竑的父親焦文傑（即武毅公），字世英，號後渠，伉直不欺，性尚風雅（參《金陵通傳》卷十九〈焦朱余顧傳〉第八十七及李贄《續焚書》卷二〈壽焦太史後渠公八襄華誕序〉），年八十二，以微疾終（見〈亡室朱趙安人合葬墓志銘〉，《澹園續集》十

五）。兄焦瑞，字伯賢，一字鏡川，與黃尙質、李逢暘友善，授徒爲生，以貢生除靈
山知縣（見《國朝獻徵錄》卷一百〈靈山縣知縣焦公瑞傳〉及《金陵通傳》卷十九
〈焦朱余顧傳〉）。

明世宗嘉靖十九年（1540 年）庚子

焦竑生

關於焦竑生年，自來有二說：

（一）《明史》二八八〈本傳〉及王鴻緒《明史稿》列傳一六四，均說焦竑：

萬曆四十八年卒，年八十。

上推則竑當生於嘉靖二十年辛丑（1541 年）。錢大昕《疑年錄》三正作：

焦弱侯八十：生嘉靖二十年辛丑；卒萬曆四十八年庚申。

吳榮光《歷代名人年譜》、姜亮夫《歷代人物年里碑傳綜表》及梁廷燦《中國歷代名
人生卒年表》均載竑生於嘉靖二十年。

（二）黃宗羲《明儒學案》三五〈本傳〉云：

泰昌元年（按即萬曆四十八年庚申，西元 1620 年，這年八月改元）
卒，年八十一。

則上推焦竑生於嘉靖十九年庚子。錢大昕《疑年錄》附引文武星案云：「嘉靖十九年
庚子生」，正合。

又焦竑作〈老子翼序〉曰：

年二十三，聞師友之訓，稍志於學。（《澹園集》十四）

《澹園集》卷四十七〈崇正堂答問〉曰：

吾輩至今稍知向方者，皆吾師之功也。

此處所謂的師，即指耿定向。按耿定向於嘉靖四十一年（1562 年）官南直隸督學，
冬，竑遂受學于定向，竑乃極力推崇之。竑既於嘉靖四十一年時年二十三，則生
年必是嘉靖十九年。

又耿定向〈與焦弱侯書〉說道：

前病中聞賢大魁報，喜而不寐者終夕，如得良劑，沈疴大減。踰數日，
則又爲惕然深思，慄慄焉不寐者累夕，念賢茲當知命之年，乃有此一著，
非天徒以榮名授賢，度所以命之者意篤至矣。（《耿天臺先生文集》卷三）

鄒元標〈焦弱侯太史還朝序〉也說道：

弱侯以文行爲士林祭酒者二十餘年，年五十始魁天下。（鄒子《願學集》
卷四）

又〈焦弱侯太史七十序〉說：

> 及艾，登上第。（同前）

都說焦竑年五十而登第。按焦竑大魁在萬曆十七年己丑（西元 1589），倘這年焦竑年屆五十，則其生年為嘉靖十九年。又張燮《羣玉樓集》卷卅五有〈壽焦太史八十序〉，其文作於己未之年（即萬曆四十七年），可見焦氏卒於萬曆四十八年時已八十一歲，知《明史》所云非，今採其生年為明世宗嘉靖十九年。

嘉靖二十九年（1550 年）庚戌

竑年十一　發憤向學。

《澹園集》卷十三〈與日照宗人書〉，竑說道：

> 某自齠年發憤向學，豈第為世俗梯榮計，實吾父督教甚嚴，不忍怠棄，欲因之稍稍樹立，不愧家聲耳。

當時授他課程者，尚有他的哥哥伯賢，李贄《續焚書》卷二〈壽焦太史尊翁後渠公八秩華誕序〉曰：

> ……中年，始舉伯兄，專意督教，務欲有成。至竑為兒，教事一付伯兄，曰：「家有讀書種子，當不斷絕矣。」

後來竑作〈刻兩蘇經解序〉亦說道：

> 余齠年讀書，伯兄授以程課，即以經學為務。於古註疏，有聞，必購讀。（《澹園續集》一）

可見焦竑發憤向學，而其兄伯賢監督授讀之。

嘉靖三十年（1551 年）辛亥

竑年十二　鄒元標生。〔註1〕

嘉靖三十四年（1555 年）乙卯

竑年十六　選京兆學生員。湛若水卒〔註2〕，享年九十五。

〔註1〕 鄒元標，字爾瞻，別號南皋，江西吉水人。九歲通五經，弱冠從泰和胡直游，即有志為學。為萬曆五年進士，累官至刑部右侍郎。立朝以方嚴見憚。嘗建首善書院，並集同志講學。年七十四而卒，謚忠介，有《願學集》行世，今藏國家圖書館。《明史》卷二四三及《明儒學案》卷廿三有傳。

〔註2〕 湛若水，字元明，增城人。少從陳獻章遊，弘治十八年登進士，授編修，嘉靖時歷南京兵部尚書。王守仁在吏部講學，若水與相應和，築西樵講舍，學者稱甘泉先生。其學以「隨處體認天理」為宗，認為儒學應主張敬，與白沙之主靜不同。年九十五卒，謚文簡。《明史》卷二八三及《明儒學案》卷三十七有傳。

《澹園集》卷廿八〈永平府遷安縣金君玄予墓誌銘〉中說道：

　　歲乙卯，方泉趙先生董畿學政，余與少司寇吳君伯恆（自新），憲副
　　張君維德，學博李君鼎卿，及玄予（金光初）五人者，並以總角入京兆學。

又於〈福建漳州府通判春沂王先生墓誌銘〉中說道：

　　余舞象〔註3〕時，選為京兆諸生。先生（王銑）適以松陽令改學博士
　　至。（《澹園集》卷廿九）

嘉靖三十七年（1558年）戊午

竑年十九　鄉試下第。

焦竑後來作〈青陽陳氏族譜序〉中嘗說：

　　嘉靖戊午，余始識青陽陳水部於場屋。（《澹園集》十五）

嘉靖三十八年（1559年）己未

竑年二十　楊慎卒，享年七十二。

按慎字用修，號升菴，後竑為編《升菴外集》一百卷。

嘉靖三十九年（1560年）庚申

竑年二十一　得蘇轍《老子解》，並讀書天界、報恩二寺。是年唐順之〔註4〕卒，
享年五十四。

竑於〈刻兩蘇經解序〉說道：

　　聞宋兩蘇氏分釋經子，甚慕之，未獲也。弱冠，得子由老子解，奇之，
　　尋於荊溪唐中丞得子瞻易書二解。（《澹園續集》一）

後乃於萬曆丁酉（二十五年）合後得蘇子他書，刻成《兩蘇經解》六十四卷，現藏
國家圖書館。

竑並作〈玉露堂稿序〉說道：

　　憶余弱冠，讀書天界、報恩二寺。路旁松柏成行，皆居士（顧源）手
　　種。（《澹園集》十六）

〔註3〕《禮·內則》：「成童，舞象，學射御。」疏曰：「成童謂十五以上。」故以舞象為成
　　童之代稱。乙卯年竑年十六，則竑生於嘉靖十九年又一證也。

〔註4〕唐順之，字應德，武進人，嘉靖八年舉會試第一，改庶吉士，十二年選為翰林編修，
　　校累朝實錄。於學無所不窺，並為嘉靖間江浙一重要藏書家，將古今載籍區分部居，
　　為左、右、文、武、儒、稗六編傳於世。曾學於王畿。卒諡襄文。《明史》二○五有
　　傳。

按顧源字清父，號丹泉，又號寶幢居士。少豪儁不群，詩與書畫皆不泥古法。家藏宋元名筆甚夥，尤究心禪理，非勝流名僧不與接。竑醉心禪學，亦推尊源。

嘉靖四十年（1561 年）辛酉

竑年二十二　娶朱鼎第三女為妻，朱氏時年二十三。

竑於萬曆丁未（三十五）年作〈亡室朱趙兩安人合葬墓誌銘〉說道：

> 朱安人行三，耆儒朱公鼎女，嘉靖辛酉來歸，儷余者十有四歲。……始朱安人至，余赤貧，苦無以養也。安人曰：「子異日必貴，萬分一祿之弗逮，如後悔何？」盡出匳中裝為甘毳資。會太宜人善病，厭藥餌，喜禱祠，歲輒四五舉。不繼，則解釵釧營之，有謂無益者，安人曰：「五親一為開顏，其益大矣。」（《澹園續集》十五）

嘉靖四十一年（1562 年）壬戌

竑年二十三　是年冬，耿定向來督南直隸學政，竑遂受學於定向。鄒守益〔註5〕卒，享年七十二。

他後來作〈先師天臺耿先生祠堂記〉，曰：

> 先生嘉靖壬戌以監察御史董學政，始來金陵。……乃首聘楊子道南（希淊）與講求仁之宗，以感屬都人士於學。（《澹園集》二十）

又作〈老子翼序〉說道：

> 年二十有三，聞師友之訓，稍志於學，而苦其難入。有談者，以所謂昭昭靈靈引之，忻然如有當也。反之於心，如馬之有銜勒而戶之有樞也，參之近儒而又有合也，自以為道在此矣。（《澹園集》十四）

由此可見此為其學初有所入之年，而甚得力於耿定向。

嘉靖四十三年（1564 年）甲子

竑年二十五　中鄉試舉人。

竑中鄉試舉人，時座師為沈啓原，他在〈霓川沈先生行狀〉中說：

> 嘉靖甲子比士，上用言官議，兩畿分校，選京秩有學行者充之，於是霓川沈先生以南屯部郎校尚書得十有三人，不佞某亦幸與焉。（《澹園集》三三）

〔註5〕鄒守益，字謙之，號東廓。正德六年會試第一，廷試第三，授翰林編修，其學說在明代理學派別中屬江右學派。卒諡文莊。《明史》二八三及《明儒案》卷十六有傳。

時與同舉者尚有吳自新（伯恆），《澹園集》廿八〈永平府遷安縣金君玄予墓誌銘〉有「甲子，余與伯恆舉于鄉」之句。

嘉靖四十四年（1565 年）乙丑

竑年二十六　會試，下第。始自率鄉人談孔孟之學。（見《澹園集》十八）

嘉靖四十五年（1566 年）丙寅

竑年二十七　始識耿定向弟定理，又識鄒守益孫德涵，相與論學。耿定向選十四郡名士，讀書崇正書院，以竑為之長。

耿定向〈觀生紀〉〔註6〕這年記曰：

> 其年仲子（即定理）謁闕里，登泰山，還若有所啟，與焦竑、楊希淳、吳自新二三子商切有契，謂余若尚有閡，時時垂涕盡規，余因有省益。余往猶未免觥無溺妙，以此合彼，見在至是，乃豁然一徹也。……夏中，鄒德涵至留都，居之明道祠。德涵就仲問學，數問而仲數不答。德涵拂袂起曰：「吾獨不能自心參而向人吻求乎？」歸鍵一室，靜求者踰時，未有解。愈自刻厲，至忘寢食。余屬與焦竑處。踰年，始有悟發，寓書重感得仲初相激。六月，崇正書院成，延焦竑主其教，檄髦士從講。著崇正書院會儀（見《耿天臺先生全書》卷八）。

焦竑在〈天臺耿先生行狀〉中亦說道：

> 先是建崇正書院成，著會儀，遴十四郡髦士羣而鼓鑄之，屬小子某領其事。余時奉先生之教，與二三子傳習其中。當是時，文貞（徐階）以理學名卿首揆席，設簴待賢，下及管庫，視先生不啻天符人瑞，而先生踞師儒之任，六年於茲，摩蕩鼓舞，陳言邪說，披剝解散，新意芽甲，性靈挺出。士蘇醒起立，歎未曾有。皆轉相號召，雷動從之。雖麇他師者，亦籍名耿氏。海內士習幾為之一變。（《澹園集》三三）

《金陵通傳》卷十九〈焦朱余顧傳〉第八十七與《澹園集》二十〈先師天臺耿先生祠堂記〉所載略同，可互參。可見耿氏名望之隆，而焦竑又為其最得意之高足弟子。耿定力為〈澹園集序〉時亦書焉：「憶自先恭簡倡道東南，一時從遊者眾，而弱侯以弱冠輒為之先行解兼勝，先恭簡特屬意焉。」

〔註 6〕余徧查各類書目，所可見者僅《耿天臺先生文集》一書，未見《耿天臺先生全書》。然《文集》二十卷內亦不載〈觀生紀〉一文，此所引文乃轉引自容肇祖先生撰〈焦竑及其思想〉文中。本節所錄〈觀生紀〉者均同此。

穆宗隆慶元年（1567 年）丁卯

竑年二十八　撰〈崇德錄序〉（《澹園續集》卷二）。十一月，耿定向晉官大理左寺丞。（見《澹園集》卅三〈天臺耿先生行狀〉）。

隆慶二年（1568 年）戊辰

竑年二十九　這年竑到北京會試，下第。是年識高朗。

焦竑在〈鴻臚寺序班高君子晦墓志銘〉中說道：

> 余自隆慶戊辰識君京師，同門友善者十四年。（《澹園集》二十八）

隆慶三年（1569 年）己巳

竑年三十　春，與耿定向登天臺山。

耿定向〈觀生紀〉記曰：

> 春，偕弱侯登天臺。弱侯爲余賦北山有台什。里中子弟從者十人。仲子（定理）誚里中子弟無能賦者，令各稱引古語並古詩爲贈，欲弱侯一一答之，模古人贈處之恉。叔子（定力）譔次之，爲天台別訂。余送至官孝廉宅而別。

隆慶五年（1571 年）辛未

竑年三十二　在京師會試，下第歸。冬，母太宜人痰疾劇，不解帶而侍者匝歲。

竑在〈劉君東孝廉傳〉說道：

> 憶歲辛未，余計偕都門，同志響臻。有襆被旅中，朝朝不能去者，如君東（名渭），尤有味于余言也。（《澹園續集》十）

又於〈亡室朱趙兩安人合葬墓志銘〉中說道母痰疾情形：

> 辛未冬，太宜人痰疾劇，余榻前不解帶而侍者帀歲。每嗽至，余兩人掖之，呷少茗汁，乃安。夜至數十起，以爲常。太宜人嘆曰：「兒忘疲固也，新婦將毋過勞乎？」安人曰：「子婦以得事親爲幸，胡勞之知？」然太宜人竟不起。（《澹園續集》十五）

隆慶六年（1572 年）壬申

竑年三十三　耿定向過金陵，與李贄及竑等論學。冬，丁母憂。這年焦玄鑑卒，享年五十三。

李贄《續焚書》卷二〈壽焦太史尊翁後渠公八袠華誕序〉中說：

> 予至京師，即聞白下有焦弱侯其人矣，又三年，始識侯。既而徙官留

都，始與侯朝夕促膝，窮愊彼此實際。夫不詣則已，詣則必爾，乃為冥契
也。故宏甫（名贄，又號卓吾）之學雖無所授，其得之弱侯者亦甚有力。……
惟宏甫為深知侯，故弱侯亦自以宏甫為知己。

按贄之至京師，乃指其於隆慶四年徙官南京刑部員外郎：「又三年，始識侯」，則於
隆慶六年後與竑過從甚密，二人意氣相投，彼此共推為知己。李贄之識耿定理在隆
慶六年（據李贄《焚書》卷四〈耿楚倥先生傳〉），耿定向〈觀生紀〉又記其過金陵，
與李贄及竑等商討學問內容：

> 隆慶六年壬申，白下儀部李正郎逢陽來訪仲子，偕吳存甫，附其舟南
> 遊，至白鹿洞，帝大參徐魯源用檢，聯舟東下，與商學，甚契驩，若同胞，
> 要至淮上，還過金陵，與李宏甫、焦弱侯輩商學。（《耿天臺全書》卷八）

這年冬，竑丁母憂（據前引〈亡室朱趙兩安人合葬墓志銘〉，《澹園續集》十五）。

閏二月二十四日焦玄鑑卒。後竑為作〈兵部職方清吏司主事洪潭焦公墓志銘〉
（《澹園集》卷卅一）。

神宗萬曆二年（1574 年）甲戌

竑年三十五　春，耿定向奉命冊封魯府，還過維揚，焦竑與王襞（東崖）〔註7〕
迎之於真州，相與商切學問，踰數宿而別。竑送定向至和州，定向為述定理顏子不
遷怒不貳過解，竑深有契（據《耿天台先生全書》卷八〈觀生紀〉）。十一月，妻朱
安人卒，享年三十六。

據竑〈亡室朱趙兩安人合葬墓志銘〉說道：

> 生子尊生，選頁。周，舉人。女二，婿諸生楊楷、梁子固。……萬曆
> 甲戌十一月二十日卒，年三十有六。（《澹園續集》十五）

這年錢德洪〔註8〕卒，享年七十九。

萬曆三年（1575 年）乙亥

竑年三十六　冬，娶趙安人為繼室。

竑〈亡室朱趙兩安人合葬墓志銘〉說道：

> 趙安人行二，武舉趙公琦女，乙亥冬為余繼室。……安人（朱安人）

〔註7〕 王襞，字宗順，號東崖，泰州人，王艮子。與其父王艮、羅汝芳、焦竑等同屬泰州
學派。萬曆十五年卒，年七十七。其生及學說可參見《明儒學案》卷三十二。

〔註8〕 錢德洪，本名寬，以字行，改字洪甫，餘姚人。與王畿同受業於王守仁。舉嘉靖十
一年進士，累官刑部郎中，後以事去官，斥為民，遂周遊四方，以講學為事。學者
稱緒山先生。《明史》卷二八三，《明儒學案》卷十五皆有傳。

遺子女幼，家大人日念之，自選國中趙安人而喜。甫踰期，迎歸。安人事家大人甚恭，蚤暮候起居上食飲惟謹。家大人春秋高矣，當計偕，余戀戀不能去。家大人曰：「寧吾老者新婦也，子毋憂。」家大人年八十有二，以微疾終，安人奉湯藥亦如朱安人之于余母也。凡時祠若先世及朱安人忌，夙興治具，一觴一七，靡不出其手。有中表以居間請，安人峻拒之，其人曰：「仕宦者類以厚其妻子耳，若奚爲者？」安人笑曰：「尊富之爲厚，爾所知也；窮約之爲厚，非爾所知也。」魏氏姊甚賞其言。（《澹園續集》十五）

萬曆四年（1576 年）丙子

竑年三十七　這年趙貞吉卒，享年六十九。

按貞吉，字孟靜，號大洲，學博才高，最善王守仁學，年六十九卒，諡文肅。（見《明史》二八八及《明儒學案》卷卅三）《澹園集》四十七〈崇正堂答問〉有引貞吉言。

萬曆五年（1577 年）丁丑

竑年三十八　會試，下第歸，歸時與張鳳翼同舟。這年李贄以南京刑部郎出為雲南姚安府知府。（見李氏《焚書》二附錄〈贈姚安守溫陵李先生致仕去滇序〉。）

竑〈答張伯起〉有說道：

憶丁丑歲，與老丈方舟而南，見諭自此不能更出，意爲一時有激之言。

不謂丈自遂其高其果如此。（《澹園續集》十五）

按張鳳翼，字伯起，嘉靖四十三年舉人。好塡詞，嘗作〈紅拂記〉等傳奇，有聲於時，《明史》二五七有傳。

萬曆六年（1578 年）戊寅

竑年三十九　這年潘絲卒，享年五十六。

潘絲，字朝言，婺源人。爲人倜儻負奇氣，師事鄒守益、唐順之、羅洪先。嘉靖末浙東礦盜起，掠歙，絲率兵要擊之，賊所向披靡，六邑獲全，以薦選嚴州府別駕，擢知分水縣，三月而邑大治。移建德，以不得意去。疾作而死。事見竑之〈潘朝言傳〉（《澹園集》廿四）。竑並有〈祭潘朝言文〉，稱潘絲爲「奇男子」（《澹園集》卅五）。

按潘絲之卒年，容肇祖先生之〈焦竑年譜〉（《燕京學報》第廿三期）載於萬曆四年，

然考《國朝獻徵錄》卷一〇二汪道昆作〈雲南北勝州知州潘叔子絲墓志銘〉有「戊寅疾，竟不起，春秋五十有六耳」之句，故移此。

萬曆七年（1579 年）**己卯**

竑年四十　得《酒經》一冊。梁汝元（即何心隱）死湖北獄中。

竑《焦氏筆乘》卷三〈酒經〉載：

> 萬曆己卯秋，同毘陵徐士彰尋買舊書，得十數種，中有酒經一冊，不著撰人姓名。

按何心隱在武昌被楚巡王之垣緝捕，旋遇害。李贄素慕何心隱，著〈何心隱論〉（《焚書》卷三）推之為「魯國之儒一人，天下之儒一人，萬世之儒一人」。後並有與竑書，道其追慕何心隱之情：

> 何心老英雄莫比，觀其羈絆縲絏之人，所上當道書，千言萬語，滾滾立就，略無一毫乞憐之態，如訴如戲，若等閒日子，今讀其文，想見其為人。其文章高妙，略無一字襲前人，亦未見從前有此文字，但見其一瀉千里，委曲詳盡，觀者不知感動，吾不知之矣。（《續焚書》卷一〈與焦漪園太史〉）

後李贄與耿定向交惡，即肇因於此。黃宗羲《明儒學案》三五耿定向傳云：「卓吾之所以恨先生者，何心隱之獄。」

萬曆八年（1580 年）**庚辰**

竑年四十一　始錄讀書所得，後經李士龍整理所記成為《類林》一書。

焦氏於萬曆乙酉（十三年）作〈題類林後〉曰：

> 庚辰讀書，有感萬稚川語，遇會心處，輒以片紙記之。甫二歲，計偕北上，因罷去，殘薰委於篋笥，塵埃漫滅，不復省視久矣。李君士龍見之，謂其可以資文字之引用，備遺忘之萬一也，乃手自整理，取世說編目括之。其不盡者，括以他目。譬之溝中之斷，文以青黃，則士龍之為也。（《澹園集》卷廿二）

李贄閱此書後則曰：「類林妙甚，當與世說竝傳無疑。」（《續焚書》卷一〈與焦漪園太史〉）

萬曆九年（1581 年）**辛巳**

竑年四十二　正月一日高朗卒，年五十二。九月廿九日鄒德涵卒，年四十四。這年李贄自雲南往湖北黃安。

高朗與竑同為耿定向門人，兩人友善，高朗死後一年，竑為作〈鴻臚寺序班高君子晦墓志銘〉說道：

> 余自隆慶戊辰識君京師，同門友善者十四年。余廓略不受羈束，而君斤斤務當繩墨；余學右解悟，而君意主質行。余懶慢避客，而君喜纏綿禮節，交遊往來。若無一不為反，乃其游驩然，兄弟不啻也。（《澹園集》廿八）

鄒德涵為鄒守益之孫，亦與竑同受業於耿定向，德涵卒，竑亦為作〈奉議大夫河南按察司僉事鄒君汝海墓表〉（《澹園集》廿七）。

萬曆十年（1582年）壬午

竑年四十三　這年為竑父文傑八十之誕。焦竑訪李贄，痛飲十日而別。冬，丁旦卒，年六十四。

李贄《續焚書》卷二〈壽焦太史尊翁後渠公八秩華誕序〉云：

> 萬曆十年春，是為侯家大人後渠八十之誕。先是，九年冬，侯以書來曰：「逼歲當走千里，與宏甫為十日之飲。」已而果然，飲十日而別。

丁旦，字惟寅，號海陽，萬曆十年以明經授衡州府別駕，卒於任，後竑為作〈丁別駕傳〉：

> 尋師於鄒東廓（守益）、王龍溪（畿）、錢緒山（德洪）、歐陽南野（德）諸先生，所聞益淵博，遠近之士負笈從遊者不可縷數，君一以師友所講繹轉相授受，大江以南蓋靡不知丁先生者。（《澹園續集》十）

按鄒守益、王畿、錢德洪、歐陽德，俱受業於王守仁之門，同為講王守仁學者。

萬曆十一年（1583年）癸未

竑年四十四　會試下第。耿定向六十歲，竑作〈尊師天台先生六十序〉二篇（《澹園集》十八）。王畿〔註9〕卒，年八十六。

萬曆十二年（1584年）甲申

竑年四十五　七月二十三日，耿定理卒，年五十一。

贄與定理交好，定理卒，贄痛失知音，並與竑書曰：

> 此間自八老（定理，人稱八先生，見《焚書》卷四〈耿楚倥先生傳〉）

〔註9〕王畿，字汝中，號龍溪，浙江山陰人。受業王守仁之門，舉嘉靖十一年進士，歷官武選郎中。後以病歸里，專務講學，學者稱龍溪先生。《明史》卷二八三、《明儒學案》卷十二有傳。

去後，寂寥太甚，因思向日親近善知識時，全不覺知身在何方，亦不知欠
少什麼，相看度日，眞不知老之將至……。（《續焚書》卷一）

萬曆十四年（1586 年）丙戌

竑四十七　羅汝芳在金陵，竑與姚汝循〔註10〕訪之，相與論學。是年焦竑所作
《陰符經解》成，自題。

焦竑在〈鳳麓姚公墓表〉中說道：

往丙戌，羅近溪先生至金陵，余與公（姚汝循，字鳳麓）詣之。（《澹
園集》廿七）

羅汝芳至金陵，竑往問學可見記錄者僅丙戌一次，餘則不可考。

按黃宗羲《明儒學案》三五本傳說竑「師事耿天臺、羅近溪。」《明史》二八八
本傳也說他「講學以汝芳爲宗。」他後來作〈羅楊二先生祠堂記〉說：

國朝之學，至陽明先生深切著明，爲一時之盛。是時法席大行，海內
莫踰於心齋先生（王艮）〔註11〕。傳心齋之學者，幾與其師中分魯國。而
維德羅先生（汝芳）衍其餘緒，則可謂橫發直指，無復餘蘊矣。先生嘗屢
至留都。最後嶺南楊貞復（起元）從稟學焉，兩先生珠聯璧合，相講於一
堂，以爲金陵倡。蓋當支離困敝之餘，直指本心以示之，學者霍然如梏得
脫，客得歸，始信聖人之必可爲，而陽明非欺我也。（《澹園集》二十）

可見竑對汝芳之學是極爲佩服的。

焦竑《陰符經解》下篇末有「萬曆丙戌秋秣陵焦竑弱侯題」，故知是年《陰符經
解》成。

萬曆十五年（1587 年）丁亥

竑年四十八　是年王襞卒，享年七十七。《老子翼》初版刻成，作〈老子翼序〉。
（《澹園集》十四）

襞乃王艮之子，竑與王襞甚相得，曾有〈贈王東崖先生五首〉（《澹園集》三七），
又有〈奉懷王東崖先生卻寄詩〉（《澹園集》四一），極推重王襞；王襞卒後十九年，
竑爲作〈王東崖先生墓志銘〉（《澹園集》卅一），中論曰：

陽明公以理學主盟區宇，而泰州王心齋嗣起，其徒幾中分魯國，故海

〔註10〕姚汝循，字敍卿，號鳳麓，江寧人。嘉靖三十五年進士，與焦竑相友之。
〔註11〕王艮，字汝止，泰州人。從王守仁學，聲名出於守仁諸弟子上，學者稱心齋先生。《明
史》卷三八三、《明儒學案》卷三十二有傳。

內言學者皆本兩王公。心齋子東崖先生推衍其說，學士雲附景從，至今不絕，蓋以學世其家。……至金陵，與多士講習，連榻累旬，博問精討，靡不愜其欲以去。

萬曆十六年（1588 年）戊子

竑年四十九　四月李渭卒，年七十六。九月二日羅汝芳卒，年七十四。朱衮卒。是歲《莊子翼》初版刻成，〈自序〉之。（《澹園集》十四）

按李渭，字湜之，號同野，師事耿定向，復與羅汝芳相得，竑有作〈參知李公傳〉說道：

> 歲癸亥，余師天台耿先生董南畿學，同野李公從之遊，余乃獲交公。
> （《澹園續集》十）

羅汝芳卒，李贄《焚書》卷三有〈羅近溪先生告文〉。朱衮（號浠桂）卒，後竑為作朱方伯傳（《澹園續集》十）曰：

> 嘉隆以來，蘄黃間以理學著者三四人，余師耿恭簡公，顧兩公，方伯浠桂公，一時士大夫指目為清鑛大敦，以想見楚材之盛，而今不可作矣。

萬曆十七年（1589 年）己丑

竑年五十　殿試，中進士第一名，官翰林院修撰，益討習國朝典章（見《明史》二八八本傳、《江寧府志》四十人物文苑七）。

《明儒學案》卷三五本傳載其中第後置義田之情形曰：

> 京兆將為樟楔，謝以賑饑。原籍山東，亦欲表於宅，改置義田。

竑〈與日照宗人書〉（《澹園集》十三）亦曰：

> 府縣坊銀到日，即儘數置祭田一處，所入田租，以供歲祀，餘察兄弟之甚貧者周之，俟後有力，陸續增置，為經久計。

萬曆十八年（1590 年）庚寅

竑年五十一　九月十九日，王銑（號春沂）卒，年八十七，竑為作〈福建漳州府通判春沂王先生墓誌銘〉（《澹園集》廿九）。

萬曆十九年（1591 年）辛卯

竑年五十二　三月廿四日，沈啟原卒，年六十六，竑為作〈陝西按察司副使霓川沈先生行狀〉（《澹園集》三三）。八月，許國罷相，竑作〈贈尊師少傅許公歸新安詩序〉（《澹園集》十五）。

按許國，字維楨，為嘉靖四十四年進士，選庶吉士。神宗時累官禮部尚書，兼東閣大學士。卒諡文穆，有文穆公集。

萬曆二十年（1592 年）**壬辰**

竑年五十三　任會試同考官。作〈狀元率進士謝恩表〉（澹九），又撰〈上元縣志序〉（澹十四）、〈重修太倉銀庫記〉、〈和州重遷儒學記〉（澹二十）。王宗沐〔註12〕卒，年六十九，作〈少司寇敬所王公文〉（《澹園集》卅五）。鄧元錫〔註13〕（號潛谷）卒，年六十二，竑為作〈鄧潛谷先生經繹序〉（《澹園集》一）。焦竑奉使大梁，於中尉西亭獲蘇轍詩與《春秋解》（見《澹園續集》一〈刻兩蘇經解序〉）。

按竑作〈順天府鄉試錄序〉後有「臣自壬辰濫竽禮闈」，（《澹園集》十五），以知其任會試同考官。

萬曆二十一年（1593 年）**癸巳**

竑年五十四　是歲吳自新（號伯恆）卒，年五十三，竑作〈祭吳伯恆〉（《澹園集》卅五）。四月十九日汪道昆卒，後竑為作〈兵部左侍郎南明汪公誄〉（《澹園集》卅四）。

按汪道昆，字伯玉，號南明，世貞稱其文簡而有法，有《太函集》及《太函副墨》，現藏國家圖書館。

萬曆二十二年（1594 年）**甲午**

竑年五十五　大學士陳于陛建議修國史，欲竑專領其事，竑遜謝（《明史》二八八本傳）。竑上〈修史條陳四事議〉。為東宮講官，取故事可為勸戒者，繪圖上之，名《養正圖解》，復為之序。又成《國史經籍志》五卷。

《澹園集》五載〈修史條陳四事議〉曰：

　　一本紀之當議，一列傳之當議，一職官之當議，一書籍之當議。

所論均極切實。又準荀勖四部銓書之例，成《國史經籍志》五卷。這年，皇長子出閣，竑為講官，時皇長子方十三齡，答問無滯，竑亦竭誠啟廸。嘗講次，羣鳥飛鳴，皇長子仰視，竑輒講肅立，皇長子歛容聽，乃復講如初。竑嘗為《養正圖說》，採古

〔註12〕王宗沐，字新甫，號敬所，臨海人。嘉靖二十三年進士，授刑部主事，擢江西提學副使。嘗修白鹿洞書院，引諸生講習其中。卒諡襄裕。《明史》卷二二三、《明儒學案》卷十五有傳。

〔註13〕鄧元錫，字汝極，號潛谷，南城人。曾學於羅汝芳之門，復從鄒守益學。《明史》卷二八三、《明儒學案》卷二十四有傳。

儲君事可爲法戒者，擬進之，同官郭正域輩惡其不相聞，目爲賈譽，竑遂止。（見《明史》二八八本傳）〔註 14〕。

萬曆二十三年（1595 年）乙未

竑年五十六　正月，金光初卒，年五十七，竑爲作〈永平府遷安縣知縣金君玄予墓志銘〉（《澹園集》廿八）。

萬曆二十四年（1596 年）丙申

竑年五十七　六月二十一日，耿定向卒，年七十三，竑爲作〈資德大夫正治上卿總督倉場戶部尚書贈太子少保諡恭簡天臺耿先生行狀〉（《澹園集》三三）。是年作〈永新縣遷復廟學記〉（《澹園集》二十）。

萬曆二十五年（1597 年）丁酉

竑年五十八　是年秋，主順天鄉試主考，以舉子語涉險誕，謫福寧州同知。是歲有刻〈兩蘇經解序〉（《澹園續集》一）。王懋卒，年六十一。姚汝循卒，年六十三。

竑有〈作順天府鄉試錄後序〉說道：

> 歲丁酉秋，京師復當大比士，府臣以請，上命中允臣天敍典厥事，而以臣某副之。（《澹園集》十五）

《明史》二八八本傳亦載曰：

> 竑既負重名，性復疏直，時事有不可，輒形之言論，政府亦惡之。
> 二十五，主順天鄉試，舉子曹蕃等九人，文多險誕語，竑被劾，謫福寧州同知。

《明儒學案》卅五本傳亦曰：

〔註 14〕 《明史》稱《養正圖解》成，竑「擬進之，同官郭正域輩惡其不相聞，目爲賈譽，竑遂止。」然觀今傳明萬曆二十二年吳懷讓刊本《養正圖解》，前有萬曆二十五年九月初八日題奏，並有聖旨覽奏：「知道了，所進《養正圖解》留覽并賜了。」則知神宗已見此書。朱國禎《湧幢小品》卷十記之甚詳：「焦弱侯率直認眞。元子初出閣，定講官六人。癸未則郭明龍，丙戌唐抑所、袁玉蟠、蕭玄圃、全玄洲，己丑則弱侯。太倉相公謂……擇其近而易曉者，勒一書進覽方佳。無何相公去國，諸公不復措意，惟弱侯三上三多三不惑，纂《養正圖說》一冊。郭聞之不平曰，當眾爲之，奈何獨出一手，眞謂我輩不學耶？且此書進後，儻發講，將送與古書並講，抑出汝之手，令我輩代講，誰則甘之。……弱侯亦寢不復理。後其子攜歸，刻于南中，送之寓所，正在案，而璫陳矩適至，取去數部，達御覽。諸老大恚，謂由它途進，圖大拜。」故知帝已得見此書。《四庫提要》稱陳矩爲司禮太監，何以此書適入其手，得入宮禁，必有其因，未可盡委之排擠也。

丁酉，主順天試，先生以陪推點用，素爲新建（張位）所不喜，原推
者復搆之。給事中項應祥、曹大咸糾其所取險怪。先生言分經校閱，其所
摘非臣所取。謫福寧州同知。

當時竑有〈謹述科場始末乞賜查勘以明心跡疏〉（《澹園集》三），及〈與李儀部〉（《澹
園集》十三）一書，於科場事被誣之始末述之甚詳，後並有〈太學汪君墓志銘〉（《澹
園續集》十三）亦論及北事，知竑因此事被貶官，汪泗淪等亦有停科之罰。

是年王懋〔註15〕卒於京師，竑作〈刑部山西清吏司員外郎守原王公暨配宜人胡
氏合葬墓志銘〉（《澹園集》三十），內有「公與余交最善且久」語。十一月一日姚汝
循（號鳳麓）卒，後竑爲作〈中憲大夫直隸大名府鳳麓姚公墓表〉（《澹園集》二七）。

萬曆二十六年（1598年）戊戌

竑年五十九　春，偕李贄返南京（見〈汪本鈳哭李卓吾先師告文〉，《李溫陵外
紀》一），並赴福寧州同知任（見《福寧府志》十五〈秩官志〉）。楊起元卒，年五十
三。是歲作〈崇報祠記〉（《澹園集》廿一）。

按楊起元字貞復，號復所，爲萬曆五年進士，選庶吉士，與竑同學於羅汝芳。
年五十三而卒，後竑作〈羅楊二先生祠堂記〉（《澹園集》二十），又有〈題楊復所（起
元）先生語錄〉（《澹園集》廿二），均極推崇楊氏。

萬曆二十七年（1599年）己亥

竑年六十　歸南京。李一恂走金陵請作〈繁昌縣重修儒學記〉（《澹園集》二十）。
作〈應天府重修廟學記〉（《澹園集》二十）。王樵卒，年七十九。李贄《藏書》六十
八卷刻成於金陵，為李贄作〈藏書序〉（見《藏書》卷首）。

按《福寧府志》卷十五載萬曆二十七年州同爲施善教繼任，是知竑於是年辭官
歸南京。《明史》二八八本傳亦載「歲餘大計，復鐫秩，竑遂不出。」

王樵（號方麓）卒，竑爲作〈祭御史大夫方麓王公〉（《澹園集》卅五）及〈南
京都察院右都御史方麓王公行狀〉（《澹園集》卅三）。

萬曆二十八（1600年）庚子

竑年六十一　作〈幕府寺修造記〉（《澹園集》廿一）。十月二十九日，潘士藻卒，
年六十四，竑為作〈祭潘符卿〉（《澹園集》卅五），後又作〈奉直大夫協正庶尹尚寶
司少卿雪松潘君墓志銘〉（《澹園集》三十）。

〔註15〕王懋，字德孺，蕪湖人。嘉靖四十三年舉人。與焦竑友善。

萬曆三十年（1602 年）壬寅

竑年六十三　作〈先師耿天臺先生祠堂記〉（《澹園集》二十）。三月十五日，李贄自殺于獄中，竑為作〈追薦疏〉（《李溫陵外紀》一）。作〈獻花巖志序〉（《澹園集》十五）。

竑極佩服李贄，《明儒學案》三五本傳說道：

> 先生師事耿天臺、羅近溪，而又篤信卓吾之學，以為未必是聖人，可肩一狂字，坐聖人第二席。

沈德符《野獲編》卷二七二大教主條亦說：

> 溫陵李卓吾聰明蓋代，議論間有過奇然，快談雄辨，益人意智不少。
> 秣陵焦弱侯，沁水劉晉川皆推尊為聖人。

關於卓吾自殺之情形，袁中道〈李溫陵傳〉（見《珂雪齋近集文鈔》）有述。

萬曆三十一年（1603 年）癸卯

竑年六十四　十月，焦竑主講新安還古書院，會者千數百人，後門人謝與棟編所聞為〈古城答問〉一卷（《澹園集》四八）。《京學志》刊成，自序之。

萬曆三十二年（1604 年）甲辰

竑年六十五　陳第（字季立）〔註 16〕訪竑，與論古音，後成《毛詩古音考》四卷，竑於三十四年為作〈毛詩古音考序〉（《澹園集》十四）。是年撰〈書畫塓錄〉（《澹園續集》九）。

萬曆三十四年（1606 年）丙午

竑年六十七　夏，所作《筆乘》由門人謝吉甫刊行，顧起元為作序。秋，會金陵羅近溪祠講學，余永寧銓次講會語錄成〈明德堂答問〉一卷（《澹園集》四九）。十二月，《澹園集》刊行，耿定向序之（見《澹園集》卷首）。

萬曆三十五年（1607 年）丁未

竑年六十八　七月，妻趙氏卒，年五十二。十月十二日，奉其柩與朱安人同窆，並作〈亡室朱趙兩安人合葬墓志銘〉（《澹園集》十五）。

萬曆三十六年（1608 年）戊申

〔註 16〕陳第，字季立，號一齋，連江人。善詩，亦好藏書，所居世善堂，藏書極富。著有《毛詩古音考》等書。

竑年六十九　撰〈寧國府重修廟學記〉(《澹園續集》四)。二月,作〈嘉善寺蒼雲崖記〉(《澹園續集》四)。七月,管志道卒,年七十二。十二月,作〈和州儒學尊經閣記〉(《澹園續集》四)。

按管志道,字登之,號東溟,亦為耿定向門人,七月十五日卒,竑為作〈廣東按察司僉事東溟管公墓志銘〉說道:

> 管公東溟與余同遊耿恭簡公之門,平生銳意問學,意將囊括三教,鎔鑄九流,以自成一家之言,其志偉矣。(《澹園續集》十四)

萬曆三十七年(1609年)己酉

竑年七十　撰〈琴瑟合奏譜序〉(《澹園續集》二)。是歲,竑七十壽慶,鄒元標為序祝釐,有〈焦弱侯太史七十序〉(《鄒子願學集》四)。

萬曆三十八年(1610年)庚戌

竑年七十一　五月,作〈書洛陽伽藍記後〉(《澹園續集》九)。作〈晏氏家譜序〉(《澹園續集》三)。夏,所撰《俗書刊誤》書成,自為序。十二月十九日,王錫爵卒,年七十七,竑為作〈光祿大夫少保兼太子太保吏部尚書建極殿大學士贈太保諡文蕭荊石王先生行狀〉(《澹園續集》十六),及〈祭王荊翁殿學文〉(《澹園續集》十八)。

按王錫爵字元馭,嘉靖四十一年會試第一,廷試第二,授編修,萬曆初掌翰林院,與焦竑善。《明史》卷二一八有傳。

萬曆三十九年(1611年)辛亥

竑年七十二　是歲整飭徽甯等處,兵備副使金勵命其屬朱汝鰲於當塗刻《澹園續集》,夏間刻成,金勵及竑門人徐光啟並為作序。

萬曆四十年(1612年)壬子

竑年七十三　作〈明道書院重修記〉(《澹園續集》四)。

萬曆四十一年(1613年)癸丑

竑年七十四　八月一日,汪道會卒,年七十,竑為作〈汪君仲嘉墓志銘〉(《澹園續集》十三)。

按汪道會字仲嘉,為道昆弟。《大泌山房集》卷一一九有其行狀。

萬曆四十二年(1614年)甲寅

竑年七十五　八月，劉滶（字君東）卒，年七十一，竑為作〈劉君東孝廉傳〉
（《澹園續集》十）。

按劉滶，字君東，泰和人，為隆慶元年舉人，慕陶淵明為人，投牒不仕。喜與
四方文士遊，晚究心王守仁學。《國朝獻徵錄》卷一一四有其行狀及墓志銘。

萬曆四十六年（1618 年）戊午

竑年七十九　是年所撰《玉堂叢語》刻成，顧起元為作序。

萬曆四十八年（1620 年）庚申

竑年八十一　竑於是年卒。七月神宗崩，光宗即位，改元泰昌。九月朔，光宗
崩。

熹宗天啟元年（1621 年）辛酉

竑以先朝講讀恩，復官，贈諭德，賜祭，廕子（見《明史》二八八本傳）〔註17〕。

南明福王弘光元年（1644 年）甲申

追謚焦竑文端（見《明史》二八八本傳）。

第二節　焦竑之學術思想

焦竑是耿定向的門人，師事羅汝芳，又篤信李贄（見《明儒學案》三五本傳），
可說是王守仁、王艮一派的後勁，故在討論焦竑思想之前，要對陽明以下之思想發
展先有所探究。

明代理學自陽明始步入一新歷程，其「致良知」、「知行合一」之心學風靡，影
響明代理學中期、末期之發展〔註18〕。陽明之學源於陸象山，以儒為宗，其思想又
出入於佛道，並進而揉合儒道佛轉生出自成一家之思想，然至其後學則流於禪，空
疏之病即種因於此。

陽明本潛修道、釋，後了悟道、釋脫離人倫，違反人自然之本性，遂改力學孔孟，
標榜反身自求本心、本性，以天下之主宰即在我心，天地萬物現象皆為此心所發。

〔註17〕此與《明儒學案》所載異，《學案》三五〈本傳〉云：「移太僕寺丞，後陞南京司業，
　　　　而年已七十矣。」然未知何所據，故附記于此。
〔註18〕據黃宗羲《明儒學案》，自陽明姚江學派以下，明代中期的浙江學派之錢德洪、王畿，
　　　　泰州學派王艮、王襞、羅汝芳，江右學派鄒守益、羅洪先，及晚期理學之焦竑、陳
　　　　第等，均受其影響。

　　黃宗羲《明儒學案》共分十七，其中六學案納於陽明門下〔註19〕。陽明歿後，其親炙、私淑弟子雖多有所繼承，但龍谿（王畿）與泰州學派再傳弟子，卻頗受禪、道影響，將之融合於儒說當中，甚且有凌越儒學之勢。焦竑為泰州學派末流，自不能免涉於斯徑。故欲探討焦竑學術思想，亦必由此深入〔註20〕。

　　王龍谿為陽明弟子，深信良知學說，然其思維方法卻接受禪宗影響，直認為釋、道、儒三家之說無異：

　　　　人受天地之中以生，均有恆性。初未嘗以某為儒，某為老，某為佛，而分授之也。良知者，性之靈。以天地萬物為一體，範圍三教之樞，不徇典要，不涉思為，虛實相生而非無也，寂感相乘而非減也。與百姓同其好惡，不離倫物感應而聖功微焉。學佛老者，苟能以復性為宗，不淪於幻妄，是即道釋之儒也。為吾儒者，自私用智，不能普物而明宗，則亦吾儒之異端而已！（〈三教堂記〉，《王龍谿全集》卷十七）

龍谿之三教調合論，以為儒、釋、道三家學說各承天地覆載之理以生，本無差異，更能相補相生，良知即為貫串三教之樞紐，實後人不知，強眦為三耳。然龍谿學說以空寂為宗，至此已佛重於儒，脫離陽明學說而自成一途也。

　　胡正甫（胡直）以為儒釋之分在盡心與不盡心：

　　　　釋氏者，雖知天地萬物之不外乎心，而卒至於逃倫棄物。若是異者，非心之實也，則不盡心之過也。蓋釋氏主在出世，故其學止乎明心。明心雖照乎天地萬物，而終歸於無有。吾儒主在經世，故其學貴盡心。盡心則難察乎天地萬物，而常處有之，則是吾儒與釋氏異者，則盡心與不盡心之分也。所謂毫釐千里者也。（〈六錮〉，《衡廬精舍藏稿》卷二八）

〔註19〕明儒十七學案為崇仁、白沙、河東、三原、姚江、浙中王門、江右王門、南中王門、楚中王門、北方王門、粵閩王門、止修、泰州、甘泉、諸儒、東林、蕺山等，其中浙中、江右、南中、楚中、北方、粵閩六王門，均為姚江餘緒，可歸於「心學」統系。

〔註20〕陽明心學傳承表：

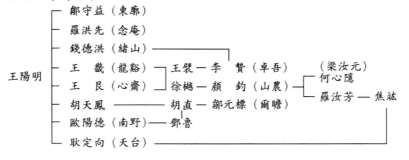

出世與入世，有無之依歸，乃儒釋之不同。論其本體，則爲同源。

羅近谿（汝方）亦說：

> 禪家之說，最令人躲閃，一入其中，如落陷阱，更能轉出頭來，復歸
> 聖學者，百無一二。

由儒入禪，欲再出禪入儒，非不爲也，乃能也，其中眞味，即在禪有引人入勝之處。雖別有洞天，彎彎曲折之妙，直罷不能。故學禪之儒者，汲取菁英，去其糟粕，遂有相通言傳。近谿言語，深中禪、道、儒合一之旨。

李贄之學最重王陽明與王龍谿，排斥假道學，對宋儒以來道統說侷限狹隘，深感不滿，主張學貴自得，故其學縱橫廣闊，新穎大膽。在〈陽明先生年譜後語〉中，說道：

> 余自幼倔強難化，不信學，不信道，不信仙釋。故見道人則惡，見僧
> 則惡，見道學先生尤惡。惟不得不假升斗之祿以爲養，不容不與世相接而
> 已，然拜揖公堂之外，固閉戶自若也。不幸年甫四十爲友人李逢陽徐用檢
> 所誘，告我龍谿先生語，示我陽明書，乃得道眞人不死，實與眞佛眞仙同，
> 雖倔強，不得不信矣！（《陽明先生道學鈔附年譜》）

卓吾之語正同近谿之言，故〈三教品序〉中云：

> 三教聖人，頂天立地，不容異同明矣。故曰：「天下無二道，聖賢無
> 二心。」我高皇帝統一寰宇，大造區夏，敬孔子，敬老子，敬釋伽佛，有
> 若一人然，故其御製文集，凡論三教聖人，往往以此兩言斷之，以見其不
> 異也。既謂之「道」，謂之「心」矣，則安有異哉？則雖愚夫愚婦以及昆
> 蟲草木，不能出此道此心之外也，而況三教聖人哉？蓋非不欲二，雖欲二
> 之而不得也。非不欲兩，雖欲兩之而不能也。

由王畿著《三教堂記》時之儒道釋三家相通之論，到李贄之三教平等、三教無異說，以爲儒、道、釋三家實可滙流爲一。

焦竑師事耿天臺、羅近谿，又篤信卓吾之學。然其學之所以與近谿較密者，大抵以天臺之學舉籌不定，及時風所尙故〔註21〕，乃承此雜揉之說。

焦竑論學重內修，以爲養德性必由問學，而學重知性，能復眞性，即能知仁義之道，他說：

〔註21〕 《明儒學案》卷三十五〈泰州學案〉四恭簡耿天臺先生定向：「先生因李卓吾鼓倡狂
禪，學者靡然從風，故每每以實地爲主，苦口匡救，然又拖泥帶水，於佛學半信半
不信，終無以服卓吾。」同卷焦竑推崇卓吾曰：「以爲未必是聖人，可肩一狂字，坐
聖人第二席，故以佛學爲聖學。」

君子之學，知性而已。性無不備，知其性而率以動，斯仁義出焉。仁義者，性有之，而非其所有也。性之不知，而取古人之陳跡，依倣形似以炫世俗之耳目，顧其於性則已離矣。(〈國朝從祀四先生要語序〉,《澹園集》十四)

此語與孔子之「我欲仁，斯仁至矣」頗似，蓋學之貴在明性，性歸返自然，仁義之心沛然而生，故總括學問之要，但在「知性」而已。

焦竑雖強調內修以知性，但也不忽視博學的重要，所以他說：

君子尊德性而道問學。道，由也。言君子尊德性而由問學，問學所以尊德性也。……王伯安曰：聖人無二教，學者無二學，博文以約禮，明善以誠身，一也。可謂獨得其旨也。苟博文而不以約禮，問學而不以尊德性，則亦何用乎博文問學哉？(《筆乘》卷四)

學之宗旨在明性，明性之功用則在匡世濟俗：

故學者天機與器數日相觸而不知，其調劑者在身心性情，而其適用者在天下國家，教之行至於民化俗成，而流風餘韻猶足以垂於不泯。……余考古者禮樂行藝，靡物不舉。即論政獻凶獻馘，皆必於學，而弦誦其小者也。況其保殘守陋，斤斤然求合有司之尺寸，又非古之所謂誦也。乃近世新會餘姚諸君子，獨抱遺經，求諸自性，於其不可思與為者時有契焉。是學有廢興，而理之在人心終不為回變如此。(〈內黃縣重修儒學記〉,《澹園集》二十)

學不僅在於求自性，亦在於將之教化理民，此實即中庸之學——獨善其身，兼善天下之旨。

焦竑不但在注重事物的學習，又注重內性的覺悟，這是受王守仁一派學說之影響，他在〈羅楊二先生祠堂記〉中說道：

頃陽明揭良知之宗，嗣起者賡續以發之，為力至矣。迨今日而其明無以復加，非獨積久使然，繄其學取成於心，非外索也。(《澹園集》二十)

學在自省——「取成於心，非外索」，因此佛家講心學即與孔孟盡性至命之學無異：

孔孟之學，盡性至命之學也。顧其言簡指微，未盡闡晰。釋氏諸經所發明，皆其理也。苟能發明此理，為吾性命之指南，則釋氏諸經，即孔孟之義疏也。又何病焉？夫釋氏之所疏，孔孟之精也，漢宋諸儒之所疏，其糟粕也。今疏其糟粕，則俎豆之。疏其精，則斥之。其亦不通於理矣。(《筆乘續集》卷二)

焦竑以為欲知儒家之精理，須藉釋典之通悟，以漢宋諸儒之疏未得孔孟之旨。又說：

儒學絀老子，老子亦絀儒學，絀儒學者，非獨不知儒，亦不知老；絀
老子者，非獨不知老，亦不知儒。(〈支談〉上，《筆乘續集》卷二)

學者誠志於道，竊以爲儒釋之短長，可置勿論，而第反諸我之心性，
苟得其性，謂之梵學可也，謂之孔孟之學可也。即謂非梵學，非孔孟學，
而自爲一家之學亦可也。(〈答耿定向書〉，《澹園集》十二)

竑以爲學貴透徹性命之理，而釋之言心論性，正能發揚、彌補孔孟性命之學的缺失。
學者之尊孔絀老、崇老絀孔，都是不知儒道佛學相通之理，而礙於一隅，相自攻伐。

焦竑處處參雜佛老以解經，意將囊括三教，鎔鑄九流，以自成一家之言。其學
重悟解，以爲孔氏亦有頓門：

仁遠乎哉？我欲仁，斯仁至矣！此孔氏頓門也。欲即是仁，非欲外更
有仁。欲即是至，非欲外更有至。當體而空，觸事成覺，非頓門而何？(《筆
乘續》卷一)

仁在內中，欲仁至，便須「覺」，不須外索，「覺」便是了悟的功夫。此種思想，
自胡直、羅汝芳、李贄皆有，獨弱侯最能「以西來之意，密證六經；東魯之矩，收
攝二氏。」(〈管公墓志銘〉，《澹園續集》十四) 證之其〈讀論語〉(《筆乘續》卷一)、
〈支談〉(《筆乘續》卷二) 均極明。

宋儒於佛家思想，雖有所吸收，然仍於言論上斥佛。至明儒則斥佛之聲漸低，加以
心學繼之，漸且凌駕儒學之上。焦竑是一有博大精神之實用心學家。重自省。重力
行實踐，然又不否認博學的用處，主張由博而返約。對於佛家思想深有研究，以爲
可爲孔孟心性之義疏，並懲王艮後學過於放任自由之說。能打破以往學術門戶之偏
見，又能拯心學末流之失，可爲後代研究學術者立一規範。

第二章　焦竑著述考

　　焦竑一生博極羣書，《明史》二八八本傳稱其「自經史至稗官、雜說，無不淹貫」，除與其私人好讀書、購書有關外，其官翰林修撰時，盡閱中秘之書，更爲其學淵博之因。祁承㸁《澹生堂藏書約・藏書訓略購書訓》便說道其藏書之豐：「金陵之焦太史弱侯，藏書兩樓，五楹俱滿，余所目覩，而一一皆經校讐探討。」竑對書籍也有精闢的見解，他在〈上修史條陳四事議〉（《澹園集》五），關於書籍一項中說道：

> 　　永樂初，（成祖）從解縉之請，令禮部擇通知典籍者，四出購求遺書。合樞倣其遺志，責成省直提學官加意尋訪，見今板行者，各印送二部。但有藏書故家，願以古書獻者，官給以直。不願者，亦鈔寫二部。一貯翰林院，一貯國子監，以待纂修誦讀之用。即以所得多寡爲提學官之殿最。書到置立簿籍，不時稽查。放失如前者罪之不貸。不但史學有資，而於聖世文明之化未必無補。

可見其對書籍功用認識之深，及其眼光之遠大。時爲萬曆二十二年，竑年五十五，官翰林院修撰之時。明清進士制度，有置庶吉士，乃於進士殿試後朝考前列者，除一甲三名外，另在二三甲中考選若干名文學及書法較佳者任之，在內府讀書，三年期滿後，按考試等第分別授職，蓋爲國家儲才。焦氏自萬曆十七年中進士，至二十五年謫福寧州知離開翰林院止，曾兩度閱讀中秘之書，是以焦竑「善爲古文，典正馴雅，卓然名家」（見《明史》二八八本傳）。

　　焦竑生平著作頗多，亦如其學，自經史至稗官、雜說皆有之，除自撰者，尚有編選、評校之書。今將焦氏現存遺書，及各公私書目所載已佚之書，依四部分類法，將撰著及編校等書之版本內容，略述於下：

甲、焦竑所著之書

一、《易筌》六卷，《附論》一卷

此書未見，為清代禁書，《清代禁書知見錄》載萬曆四十年刊，《四庫提要》將之列於經部易類存目。《提要》云此書：「欲以二氏通於易，每雜引列子黃庭內景經抱朴子諸書以釋經。」蓋焦竑乃主張「三教合一」，並以佛理釋經之學者，故有引黃庭內景經等書以釋易者，其《筆乘》亦有此情形。

二、《禹貢解》一卷

此書未見。《清代禁書知見錄》載「無刻書年月，約萬曆間刊」為清代禁書，蓋為注解尚書禹貢篇者。

三、《考工記解》二卷

此書未見，唯黃虞稷《千頃堂書目》及《明史‧藝文志》著錄，列經部禮類。當為《周禮‧考工記》篇疏解。

四、《俗書刊誤》十二卷　清乾隆間寫《文淵閣四庫全書》本　北平圖書館藏

此書清代以前之刊本未見，現存者除《四庫》本外，尚有乾隆間朱絲欄鈔本。首有竑〈自序〉，述作此書之因：「書之為用，至切而易謬，難明而易忘，漢人尉律試吏者課以八體，諷籀至九千以上，吏民上書不正者劾之，其嚴如此。近世正韻為國制書，唯章奏稍稍施用，學者師心無匠，肆筆成譌，蓋十居六七者有之。蚤歲課子嘗間為點定兒曹因筆於策，以識不忘云爾。」《四庫提要》載其內容曰：「是書第一卷至第四卷，類分四聲，刊正譌字，若丰之非丰，容不從谷是也；第五卷考字義，若赤之通尺，鼬之同猶是也；第六卷考駢字，若句婁之不當作岣嶁，辟歷之不當作霹靂是也；第七卷考字始，若對之改口從士，本於漢文，疊之改晶從畾，本於新莽是也；第八第九卷，考音同字異，若庖犧之為炮羲，神農之為神由是也；第十卷考字同音異，若敦有九音，苴凡兩讀是也；第十一卷考俗用雜字，若山岐曰岔，水岐曰汊是也；第十二卷考字形疑似，若禾之與禾，攴之與攵是也。」由焦序末「萬曆庚戌長至日澹園老人題」推知本書之首刊當於萬曆三十八年。

五、《熙朝名臣實錄》二十七卷

此書未見。《四庫提要》史部傳記類存目著錄，可知乾隆時尚存。〈提要〉曰：「前有自序，謂明代諸帝有實錄，而諸臣之事不詳，因撰此書，自王侯將相及士庶人方外緇黃僮僕妾伎，無不備載，人各為傳。蓋宋人實錄之體，凡書諸臣之卒，必附列

本傳，以紀其始末，而明代實錄則廢此例，故竑補修之。……韓文劾劉瑾事，有太監徐智等數人爲之內應，亦史傳所未詳，頗足以資考證。然各傳中多引寓圃雜記，及瑣綴錄諸書，皆稗官小說，未可徵信；又或自序事，或僅列舊文，標其書目，於體裁亦乖。」除於竑之撰此書因由有所說明外，並兼論其價值及缺失。

六、《遜國忠節錄》八卷

此書未見。《明史・藝文志》史部傳記類著錄。《清代禁書知見錄》載；「《遜國忠節錄》四卷，萬曆間刊」，不知究爲多少卷。楊立誠《中國藏書家考略》所載書名則爲《遜國忠節錄》，蓋即此書。

七、《京學志》八卷　明萬曆間刊本　國家圖書館藏

此書首有萬曆三十一年焦竑序，次接〈凡例〉、〈京學志目〉，及宋建康府學圖、元集慶路學圖、國朝（明）應天府學圖。本書之作，焦序曰：「由洪武而來三百歲，儒風士行日以浸盛，昆陵張君履正典教是邦，謂金陵建首善爲天下始。王言國典爲世法，程而闕焉不載，後則何觀，乃授簡諸生俾爲之志，發凡起例，業有端矣，而以遷秩去，何君琪枝、張君禮化至，相與繼圖之，而志始成，屬余稍稍刪潤之以傳。」因知非焦氏一人所作。至其命名，〈凡例〉云：「學徙府治東南，自景祐初始也，宋爲建康府學，元改集慶路學，國初高皇帝名京學。今實錄載許存仁、張統爲京學教授，可考也，志以京學，名從此。」書分八卷，卷一建置，敘學府建置金陵之經過。卷二令格則收有關學校之詔令，包含設科取士之內容、人數，任官年限、薪俸等。卷三典禮，含祭禮、鄉飲酒禮、射禮、行香禮。卷四官師，以年表、列傳述京學教授生平。卷五爲選舉，分進士、舉人、歲貢，自唐開元始至明萬曆間，依年代按表排列之。卷六既稟，述師儒俸稟及學田設置之詳。卷七秩文則載各儒學、祠堂、府學記等六十篇，然僅有目而無文。卷八上下則爲名宦列傳及鄉賢列傳，分述金陵舊都撫按督學大京兆宦蹟表著者、及鄉賢四十三人等之傳。全書七冊，每冊首均有「吳興劉氏嘉業堂藏書印」朱文方記。每半頁九行，行二十字。每頁板心上書「《京學志》」三字，下側有是頁刻工之姓及字數。單魚尾。

八、《詞林歷官表》三卷

此書未見，唯《千頃堂書目》、《明史・藝文志》著錄。內容不詳，殆爲記載翰林院官員之書。

九、《國史經籍志》六卷　明萬曆三十年原刊本　北平圖書館藏

此書爲清代禁書，詳見《清代禁書知見錄》。《提要》列之於目錄類存目，並載

其內容曰：「是書首列制書類，凡御制及中宮著作、記注時政、敕修諸書皆附焉，餘分經史子集四部，末附糾繆一卷，則駁正《漢書》、《隋書》、《唐書》、《宋史》諸藝文志，及《四庫書目》、《崇文總目》、鄭樵《藝文略》、馬端臨《經籍考》、《晁公武讀書志》，諸家分門之誤。蓋萬曆間陳于陛議修國史，引竑專領其事，書未成而罷，僅成此志，故仍以國史爲名。」書首爲竑自序，次門人陳汝元序。單欄，每半頁十一行，行二十四字。板心上記書名、卷數，單魚尾，下記卷名及類名，如卷一：「制書類御制」，並記頁數。餘詳見第三章第三節《國史經籍志》之傳本。

十、《焦氏藏書目》二卷

此書未見。《千頃堂書目》簿錄類著錄。《澹生堂藏書訓》記：「金陵焦太史弱侯，藏書兩樓，五楹俱滿。」徵刻唐宋秘本書例亦曰：「前代藏書之富，南中以焦澹園太史爲最。」均可證焦竑藏之富，故有藏書目之作。今不見，所載之書或已收入其《國史經籍志》中。

十一、《養正圖解》不分卷　明萬曆二十二年吳懷讓刊本　國家圖書館藏

此書列清代禁書之目，詳《清代禁書知見錄》。首有萬曆二十五年九月初八日題奏，聖旨覽奏：「知道了，所進《養正圖解》留覽并賜了」。前有旨：「皇長子體質清弱，不耐久勞，講學書籍候循序漸進，以副朕眷愛之意。」次爲祝世祿序，曰：「修撰焦竑侍講之暇，伏念高皇帝嘗命諸臣繪農業艱難圖、古孝行圖進太子諸王，而累朝東宮官僚講讀之外，亦多自爲書以進者，蓋講讀止於析理，圖說兼以徵事理之用……遂採往昔言事可備勸誡者繪爲圖，著爲解……繪圖爲丁雲鵬，書解爲吳繼序，捐貲鑱之爲吳懷讓，而鑱手爲黃奇咸。」次焦竑自序，稱：「歲甲午，故今古以通之，圖繪以象，朝誦夕披而觀省備焉……採古這行可資勸誡者著爲圖說，名曰《養正圖解》。」自寢門事膳，至借事納忠，凡六十事，分爲文行忠信四部。每事先繪一圖，並錄原文，文後則低一格講解之，簡明易曉。單欄，每半頁十行，行二十一字。板心上題《養正圖解》，下記頁數。

十二、《焦氏筆乘》六卷，《續集》八卷　明萬曆三十四年謝與棟刊本　國家圖書館藏

是書清代列爲禁書，詳《清代禁燬書目四種索引》。首有焦竑序，曰：「曩讀書之暇多所箚記，萬曆庚辰歲友人取數卷刻之，藏巾笥未出也，迨牽絲入仕，隨所見聞，輒寄筆札。尋以忤權見放，奔迸之餘不皇檢括，散佚者十有五六……筠州謝君吉甫見而惜之，手自排續，并前編合刻之以示同好。」乃成《筆乘》。次顧起元序。

《四庫提要》列此書於子部雜家存目，然末八卷，或《續集》八卷之誤也。〈提要〉云：「是書多考證舊聞，亦兼涉名理，然多勦襲說部，沒其所出。」並舉十餘例以證之。然查原書，所錄均註出典，雖偶有遺漏，然未可蓋全而謂「勦襲說部，沒其所出」也。其內容淹博，秋文、六書、醫方、金陵舊事、心性之說，無不收載，故顧序稱其「可以杜三教異同之辨，可以鏡一代得失之林，可以區六秋精觕之手，可以衷千古是非之極。」單欄，每半頁九行，行十九字。有朱、墨圈點，眉批。

十三、《支談》三卷　明萬曆繡水沈氏尚白齋刊本，寶顏堂秘笈陳眉公家藏彙秘笈之一　國家圖書館藏、台大文聯藏

此書清代列爲禁書，詳《清代禁書知見錄外編》。《四庫提要》列之於子部雜家類存目，並論其內容曰：「是書主於三教歸一，而併欲陰駕佛老於孔子之上，此姚江末流之極弊，併其本旨失之者，雖亦講學之言，不復以儒家論之，亦不復以儒理責之矣。」本書左右雙欄，每半頁九行，行十八字。有圈點。三卷爲上、中、下三篇，今附於焦氏《筆乘續集》卷二。

十四、《焦弱侯問答》一卷

此書未見，唯《四庫提要》將之列於子部雜家類存目。爲焦竑所撰，潘曾紘編。《提要》一二五云：「竑師耿定向而友李贄，於贄之習氣沾染尤深，二人相率而爲狂禪，贄至於詆孔子，而竑亦至尊崇揚墨，與孟子爲難，雖天地之大，無所不有，然不應妄誕至此也。曾紘乃綴拾刻之，以教新鄭之士子，可以見明季風氣矣。」《提要》於此攻詆極甚，大概因焦氏與李贄沆瀣相投，不爲清廷所喜，乃特予貶抑也，所論未必中肯。

十五、《明世說》

此書未見。《千頃堂書目》著錄於子部小說家類。未載卷數，內容不詳。

十六、《玉堂叢語》八卷　明萬曆戊午（四十六年）曼山館刊本　國家圖書館藏

此書清代列爲禁書，詳《清代禁書知見錄》。是編乃仿《世說》之體，採摭明初以來翰林諸臣遺言往行，分條臚載，共五十四類，初以〈行誼〉，終以〈讎隙〉。《四庫提要》卷一四三載其以〈仇隙〉終篇之因〔註1〕。顧起元序本書之內容曰：

〔註1〕焦竑《玉堂叢語》以〈讎隙〉終篇之因，《四庫提要》稱乃有感於進《養正圖說》及序呂坤《閨範》二事。《養正圖解》一事已見第一章第一節註三，此則敍第二事。《湧幢小品》卷十載：「呂新吾司寇，廉察山西，纂《閨範》一書。弱侯以使事至，呂索序刊行，弱侯亦取數部入京。皇貴妃鄭之侄曰國泰者，見之，乞取添入后妃一門，

「其官則自閣部元僚,而下逮于待詔應奉之冗從。其人則自鼎甲館選而旁及徵辟薦舉之遺賢。其事則自德行、政事、文學、言語,而微摭于諧謔、排觝之厄言。其書則自金鐀石室、典冊高文、而博採于稗官野史之餘論。……前輩之為衙門存掌故者,大都以垂典制、辨職掌、紀恩遇、詳事例云爾。至于人品之淑慝、注厝之得失、朝廷之論建、隱居之講求,顧有未及之者。有先生此書,而使人益知其地重,所以居之者恆不得輕。」郭一鶚為之序亦稱此書區分準之類林,宛如館閣諸君子一小史也。書首頁有「學然後知不足」方印,依次為顧起元、郭一鶚及焦竑之序,次《玉堂叢語》八卷目錄。單欄,每半頁八行,行十八字。板心上書書名,單魚尾,下書卷數及分類名、頁數,板心下側刻「曼山館」三字。卷八末有「禮培私印」及「埽塵齋積書記」二方印。

十七、《老子翼》三卷,《考異》一卷　明萬曆戊子（十六年）原刊本　國家圖書館藏

此書列清代禁書,詳《清代禁書知見錄》。首有焦竑自序,云成書之因:「友人翟德孚,好言老子,間舉以相訊,余以近窶疏之,德孚未嘗不擊節也,屬余章為之解,因取家藏《老子故》,暨《道藏》所收,徧讀之,得六十有四家,博哉言乎……古之聖人,可以明道,不必皆己出也……於是輟不復作,第取前人所疏,手自排纘為一編,而一二膚見附焉。」《四庫提要》卷一四六則論其內容體例曰:「是編輯韓非以下解老子者六十四家,而附以竑之《筆乘》,共成六十五家,各採其精語,裒為一書。其首尾完具自成章段者,仿李鼎祚《周易集解》之例,各標舉姓名,列本章之後;其音義訓詁,但取一字一句者,則仿裴駰《史記集解》之例,聯貫其文,綴本章末句之下。上下篇各為一卷,《附錄》及《考異》共為一卷,不立道經德經之名,亦不妄署篇名。……所采諸說,大抵取諸《道藏》,多非世所常行之本。」《提要》以為竑於道家禪學者,本深於儒學,故說儒理時常多涉悠謬,而於二氏之理者則較佳。中圖所藏此書,蓋由董宗善所購藏,故於書首頁手寫「辛未宗善書」、「保澤齋主得自武林」,又以焦序亡數頁而宗善以手鈔補之,故有「辛未冬至董宗善鈔」字（按:辛未為明毅宗崇禎四年）,並有「樵李董宗善藏」及「保澤齋主」二朱文方印,序末又有「詞文經眼」。次目錄,次列采摭書目六十四家,另附《筆乘》於後。左右雙欄,每半頁十行,行二十字,章句訓詁者則小字雙行。有朱筆圈點、眉批。卷一首有「保澤齋主」「樵李董宗善藏」「詞文」「董子」等方

而貴妃與焉。眾大譁,謂鄭氏著書,弱侯交結為序,將有他志。」《提要》評曰何以此書適入貴妃怌國泰之手,與《養正圖解》俱得進於宮禁,必有其因也。

印，卷二有「保澤齋主」方印及「苦惱眾生」圓印，每卷末並有「詞文經眼」印。。
〈附錄〉載《史記‧老子列傳》等各家有關老子學之語。書末行寫《老子翼附考異》宗善購自杭州抱經堂計幣卅元時辛未大雪」。

十八、《莊子翼》八卷，《莊子闕誤》一卷，《附錄》一卷　明萬曆十六年原刊本　國家圖書館藏

此書為清代禁書，詳《清代禁書知見錄》。《四庫提要》一四六曰：「是編成於萬曆戊子，體例與《老子翼》同。前列所載書目，自郭象註以下凡二十二家；旁引他說互相發明者，自支遁以下凡十六家；又章句音義，自郭象以下凡十一家。……末附《莊子闕誤》一卷，乃全錄宋陳景元《南華經解》之文，亦足以資考證。又《附刻》一卷，列《史記‧莊子列傳》、阮籍〈王安石莊子論〉、蘇軾〈莊子祠堂記〉、潘佑〈贈別王雱雜說〉、李士表〈莊子九論〉。」此書首有焦竑〈自序〉，次王元貞序、《莊子翼》目錄及采摭書目四十九家。左右雙欄，每半頁十行，行二十字，章句注小字雙行，亦有朱筆圈點。卷一刻有「北海焦竑弱侯編訂、建業王元貞孟起校閱」。

十九、《陰符經解》一卷　明萬曆間繡水沈氏尚白齋刊本，寶顏堂秘笈之一　國家圖書館藏、台大文聯藏

是書為清代禁書，見《清代禁書知見錄》。此書仍立三教歸一之旨。《四庫提要》云：「考《戰國策》，稱蘇秦得太公陰符之謀，其書《漢志》及《隋志》皆不著錄，蓋已不傳。今世所行之本，出唐李筌，宋黃庭堅以為即筌所託，註其書者，自筌而後，凡數十家，或以為道家言，或以為兵家言，或以為神仙家言，竑此註雖引張永叔真士擒真鉛制真永之說，似乎神仙家言，而核其宗旨，實以佛理解之。」書之格式與《支談》同，分上中下篇，經文頂格，解則低一格而書。書首有「劉承翰字貞一號翰怡」及「吳興劉氏嘉業堂藏書印」二印。

二十、《澹園集》四十九卷，《附錄》一卷　明萬曆丙午（三十四年）內黃黃雲蛟刊本　國家圖書館藏

是書在清代禁書屬全燬、違礙二類，詳《清代禁書知見錄》、《清代禁燬書目四種索引》及《清代禁燬書目補遺》等。本書由黃雲蛟收焦竑詩文各若干卷而刊之，並有門人許吳儒撰竑其他著作書名、卷數等成《附錄》一卷。書首有吳夢暘序，門人陳懿典、臧爾勸及耿定力之序次之，次《附錄》一卷。版心上書「欣賞齋」。單魚尾，下書卷數、頁數，吳、陳、臧序板心下側均有「戴惟孝刊」四字。書首吳序有「吳興劉氏嘉業堂藏書記」及「賜碩堂」二印，目錄則有嘉業堂印及「婺源董畊石

藏書」印。每半頁九行，行十九字。

廿一、《澹園續集》二十七卷　明萬曆辛亥（三十九年）刊本

此書於萬曆辛亥（三十九年）由大梁金勵刊行，今未見，僅見《金陵叢書》本。清代列爲禁書，屬全燬類，詳《清代禁書知見錄》、《清代禁燬書目四種索引》。書有金勵及焦竑門人徐光啓作二序。

乙、題焦竑批選編校者

一、《兩蘇經解》六十四卷　明萬曆丁酉（二十五年）畢氏刊本　國家圖書館藏

蘇軾、蘇轍著，焦竑編。書首有焦竑〈刻兩蘇經解序〉曰：「弱冠，得子由《老子解》，奇之。尋於荊溪唐中丞得子瞻《易書二解》。己丑，檢中秘書，始獲《論孟拾遺》。壬辰，奉使大梁，于中尉西亭所獲子由詩與《春秋解》。丁酉，侍御畢公衰而刻之。」合東坡先生《易傳》九卷、《書傳》十卷、《穎濱先生詩集傳》十九卷、《春秋集傳》十二卷、《論語拾遺》一卷、《孟子解》一卷、《道德經解》二卷共六十四卷。序首頁有「承翰字貞一號翰怡」、「吳興劉氏嘉業堂藏書印」二記。原文頂格，說解低一格書之。左右雙欄，每半頁十行，行二十一字。

二、《皇明人物考》六卷，《附一二考》一卷，明張復撰　明萬曆間閩建書林　　葉貴刊本　國家圖書館藏

題焦竑撰。此書列清代禁書，屬抽燬類，詳見《清代禁燬書目四種索引》。首爲瞿九思書之〈附一二考題辭〉，曰：「子遠（張復）所論著經濟考頗已多，此獨其一二，姑題曰一二考。」次王世貞著《皇明考》，有帝系表，並有〈大明臣論斷〉。次人物考目錄，分〈聖朝帝王〉、〈公主駙馬〉、〈開國元勳考〉，及〈歷位皇帝功臣考〉。次張復撰之《附一二考》，有〈黃河考〉、〈南倭考〉、〈北虜考〉。卷一書鍥兩狀元編次皇明要考，題「狀元脩撰漪園焦竑編次、晉陽翁正春校正，閩建書林近山葉貴繡梓」。所考之每一人物均圈出標明，書眉上並有評語。原刊有圈點，並有點閱者朱筆圈點、眉批。

三、《國朝獻徵錄》一百二十卷　明萬曆四十四年錢塘徐象橒刊本　國家圖書　　館藏

此書在清代禁書屬抽燬、違礙類，詳見《清代禁書知見錄》及《清代禁燬書目四種索引》。《四庫提要》列之於史部傳記類存目，說：「是書採明一代名人事蹟，其體例以宗室戚畹、勳爵、內閣、六卿以下各官，分類標目；其無官者，則以孝子義

人儒林藝苑等目分載之。自洪武迄嘉靖，蒐採極博。然文頗泛濫，不皆可據，或註或不註，亦不免疎略。」由此書所附〈黃汝亨序〉看來，此書係焦氏應陳于陛聘修國史時所輯，罷官以後仍陸續增訂，故此書乃為修紀傳體國史之準備工作，保存許多神道碑墓志銘，題下並注明作者或出處；而或有其人事蹟無碑銘墓誌可據者，則抄錄野史雜史。《獻徵錄》之價值在保存許多碑銘、行狀、別傳等原始材料，可與官修實錄相較，是否註明出處於其價值影響不大。此書首有顧起元序〈黃汝亨序〉，序末分別有顧起元印及黃汝亨印。次為《獻徵錄》百二十卷分類總目，每卷前則有單卷詳目。單欄，每半頁十行，行二十字，板心上有「獻徵錄」三字，板心下側刻「曼山館」。每冊首有「六合徐氏孫麒珍藏書畫印」、「引除」、「時習館圖書之印記」三印，冊末則有「孫麒氏使東所得」方印。天頭偶刻有說解或批語。

四、《唐荊川先生纂輯武編前》六卷，《後》六卷　明萬曆間錢塘徐象橒曼山館刊本　國家圖書館藏

明唐順之撰，焦竑校。本書屬子部兵家類，載所有與武事有關者。如前卷收將士、兵制、戰法、行營、兵器、戰車、砲等，除以文字說明，亦有以圖輔助說明者，如陣法、兵器等圖式。後編則為戰術，如攻心、反間、佯北、詭意等，並以史實配合理論說明之。首有浮渡居士吳用先撰武編敍，次列目錄。左右雙欄，每半頁十行，行二十字。雙魚尾，板心上刻「纂輯武編」四字，中載卷數及頁數，板心下側刻「曼山館」。有朱筆圈點。

五、《升菴外集》一百卷　明萬曆丙辰（四十四年）江寧顧起元校刊本　國家圖書館藏

明楊慎撰，焦竑編。《增訂四庫簡明目錄》標注著錄於子部雜家類雜品之屬，並載曰：「明楊慎撰《丹鉛餘錄》十七卷，焦竑取慎說部各種類編為《升菴外集》一百卷。」是書首有顧起元撰序，次海陽汪輝撰跋語，序後分別有顧起元印、汪輝之印。次目錄，次焦竑識語。卷一題「成都楊慎著，瑯琊焦竑編，吳郡顧起元校。」並有「迷庵虎堂」印。左右雙欄，每半頁六行，行十五字。有朱筆圈點。

六、《東坡志林》五卷　明刊朱墨套印本　國家圖書館藏

宋蘇軾撰，焦竑評。《增訂四庫簡明目錄》標注著錄於子部雜家類，曰：「舊本題宋蘇軾撰，一名東坡手澤，後編入《東坡大全集》中，故題此名。」書首為沈緒蕃弱瞻文湯題《東坡志林》小引，有「羃廬藏書」朱文方印。次朱印志林總論。每卷前有目錄。依文章內容性質不同而分記遊、懷古、修養……等類。單欄，每半頁

八行，行十八字，無界隔。原書刊有朱色圈點，並有藏書家朱筆眉批。

七、《新鍥翰林三狀元會選二十九子品彙釋評》二十卷　明萬曆丙辰〔四十四年〕寶善堂刻本　國家圖書館藏

本書題曰「翰林三狀元，從吾焦竑校正，青陽翁正春參閱，蘭嶼朱之蕃圈點」。共錄老子莊子等二十九子之文，品評圈點之。首有李廷機〈二十九子品彙序〉，次列目錄、凡例。凡例述諸子排列先後之因，曰：「老莊文章鼻祖，故列首。餘或以以文相近，或年相近。」然其先後實難尋脈絡，無怪乎《四庫提要》評之曰：「雜錄諸子，毫無倫次。」目錄後又述子書內容乃取「諸子所最當意」者。書眉列評語。雙魚尾，板心上刻書名「二十九子品彙釋」，單欄，每半頁十行，行二十字。有藏書者朱筆圈點、批語。

八、《中原文獻子集》七卷　明萬曆間新安汪宗淳等刊本　國家圖書館藏

本書題「侑撰漪園焦竑選，少傅穎陽許國校，編修石簣陶望齡評，侑撰蘭嶼朱之蕃註。」首有朱之蕃之《中原文獻子集》引，曰：「龍門諸子人不啻夥怢，而貯之盈箱充棟，靡可殫述，且也粹駁不倫，異雅雜出，令博士家往往嘆述霧嗟……焦太史采粹棄駁，標雅裁異，彙爲一集，總之不詭，博士家言者近是。」次目錄。單欄，每半頁十行，行二十字。凡介紹人物，先敍生平，後敍其文，間偶有以評文附錄其後者。上有註語，人物介紹間以□爲間隔。有本刊圈點，亦有點閱圈點。

九、《焦氏類林》八卷　明萬曆丁亥〔十五年〕秣陵王元貞刊本　國家圖書館藏

此書實成於李登。《四庫提要》云：「是編前有〈自序〉，謂庚辰讀書，有感葛稚川語，遇會心處，輒以片紙記之，殘棄委於篋笥。李君士龍（李登）見之，乃手自整理，取《世說》篇目括之，其不盡者，括以他目，譬之溝中之斷以青黃，即士龍之爲也。士龍爲上元李登字，然則竑特偶爲標出，而成此書者則登也。凡分五十有九類。」故焦竑於〈自序〉中頗讚士龍，並因之將〈編纂〉一篇置於卷首。李士龍序此書則曰：「是編雖主采輯，非自發其所蘊，而託契神遊，何人非我，一經編纂，便寄精光。」雖由李登詮次，然以其書內容爲竑攬千古百家有當於心而錄之者，故仍將之歸爲竑輯成之書。姚汝循將《類林》與孝標《世說》並列之，稱此書「絕無叛道不經之談，所謂引固多祕玩，然皆參伍有徵……尤爲可尊可信也。大都劉氏主在輔談，弱侯欲以爲信，意自各有攸存。」以爲絕不劣於《世說》也。書首有姚汝循、李士龍、王元貞三人序，次爲目錄。每段引文下以小字註明出處。首冊卷一有

「蘇來過目」白文方印，餘每冊首頁有「三山陳氏居敬堂圖書」朱文方印。左右雙欄，單魚尾，每半頁十行，行二十字。

十、《張于湖集》八卷，《附錄》一卷　明崇禎甲申（十七年）張弘開二張集本　國家圖書館藏

宋張孝祥撰，原爲《于湖居士文集》四十卷，另《附錄》一卷，今國家圖書館存嘉定間刊本，收錄孝祥詩、賦、奏議、書牘等三十類文。焦竑選錄其各類文，併爲《張于湖集》八卷，《附錄》保留，內有孝祥傳、官誥數道、友人贈詩及其祭文等。書首題「宋和州張孝祥于湖著，明金陵焦竑澹園、朱之蕃蘭嶼仝輯。」首爲謝堯仁序，有白文「明善堂覽書畫印記」、「川堂山房圖籍」方印。次孝伯及錢禧二序，錢序有「錢禧字謙吉」、「雅實堂」二朱文方印。次楊侯胤跋及目錄。每冊首有「川堂山房圖籍」印。單欄，每半頁九行，行二十字。

十一、《謝康樂集》四卷　明萬曆癸未（十一年）謝氏刊本　國家圖書館藏

劉宋謝靈運撰，明沈啓原輯，焦竑校。書首列集歷來詩評之品評謝靈運詩風優劣之內容，計有《鍾嶸詩品》等九家。次錄謝氏《宋書》本傳。次目錄，卷一二賦，卷三樂府、雜詩，卷四則表、論、書、志、贊、誄、銘、頌等。文中小字爲謝氏自注。單魚尾，板心上刻書名，下書口則載各刻工之姓及字數。左右雙欄，每半頁九行，行十八字。小字雙行。有朱筆圈點。

十二、《焦竑評蘇長公二妙集》二十二卷　明天啟辛酉（元年）錢塘徐象橒曼山館刊本　台大研圖藏

宋蘇軾撰。本書名曰「二妙」，孔冷然序云：「嘗論尺牘文之餘，填詞詩之餘，餘者介在若可有若不可有之間，流於情之若可知若不可知之妙。焦太史先生終身學問，獨于無心處窺見坡仙神髓，特拈出二妙以示透入真脉。」故收東坡先生尺牘二十卷，詩餘二卷成書。書首爲方應祥序，次孔冷然序、焦竑東坡二妙題詞。單魚尾，板心上書「東坡二妙」，板心下側書「曼山館」。每卷有詳目。

十三、《歷科廷試狀元策》七卷　明末刊本　國家圖書館藏

焦竑、吳道南同編。國家圖書館藏本並有後人增補。《清代禁書知見錄》所載爲十卷本，名狀元策，屬抽燬類。收錄歷年狀元對策之文。此書首爲吳道南撰歷科狀元策序，稱：「嘗偕弱甫取舊本一繙訂之，復取近科二三策而補葺之。」乃成此書。次國朝廷試儀制。其書先列歷科狀元名錄，後以歷朝年科爲文，如：癸丑科弘治六年。單魚尾，四周雙欄，每半頁十二行，行二十五字。

按《清代禁書知見錄》另載焦竑輯《明狀元策》十一卷，或爲《歷科廷試狀元策》之底本。

十四、《五言律細》一卷　明萬曆曼山館刊本　北平圖書館藏

此書題「成都楊愼選輯，瑯琊焦竑批，茂苑許自昌校。」與《七言律細》同爲古詩九種之一，餘爲五言律祖前後、唐絕增奇、唐絕搜奇、六言絕句、六言八句、五言絕句等。書首爲焦竑之題古詩九種，有「朱師轍觀」、「飛青閣藏書印」二記。此書錄自太宗至中唐張籍元稹等重要詩家四十六位，五言律詩二百餘首，詩末偶有雙行小字解說詩境或評者，有圈點。單欄，每半頁八行，行十八字，單字尾，下書口有曼山館三字。

十五、《七言律細》一卷　明曼山館刊本　北平圖書館藏

題「瑯琊焦竑批選，江寧徐維禮校，錢塘徐象櫄梓。」格式與《五言律細》同，唯所收乃初唐至晚唐五十六名詩家，共有七言律詩一百六十餘首，亦有小字品評及說解。

十六、《兩漢萃寶評林》三卷　明萬曆間坊刊本　國家圖書館藏

焦竑選，李廷機注釋，李光縉集評。此書分上中下三卷，上中二卷純列班固《漢書》，以文字去古未遠，故不厭其多；下卷則收范曄《後漢書》。前爲文，後則列宋明等文人之評，並有批點。書首有〈敍兩漢萃寶〉，次凡例，次列評者宋蘇軾、蘇轍等十人、明方孝孺等二十八人之名。次目錄。雙魚尾，板心上刻書名。單欄。書眉有李光縉評句法優劣，原文有圈點、說解，並有點閱者朱筆圈點、眉批。每半頁十一行，行二十字。

十七、《〔明治新刻〕續文章軌範評林》七卷　日本明治年間（清同治光緒年間）與兒島縣刊本　台大總圖藏

鄒守益選，焦竑評校，李廷機註。此板爲日本東龜年補訂，宗城增註，台大所藏現僅存二卷。東龜年序引《文章軌範》王陽明序曰：「宋謝枋得氏，取古文之有資於場屋者，自漢迄宋，凡若干篇。標揭其篇章句字之法，名之曰《文章軌範》。蓋古文之奧，不止於是，是獨爲舉業者設耳。」《文章軌範》錄自漢迄宋之文，續篇則錄宋以後至明之文，批選評註之，以裨輔初學。首東龜年序（續篇原無序跋），次列目錄。是書每文先列篇名，下記作者，並以小字詳註之，人名、帝號、章句訓詁，皆詳註而近繁。每半頁十一行，行二十字，單魚尾，板心上書「續文章軌範評林」，下書「鹿兒島縣刊行」。字體秀整，爲排印精美之和刻本。

十八、《新刊焦太史彙選百家評林明文珠璣》十卷　明萬曆甲午（二十二年）
　　　刊本　師大圖書館藏

此書爲東北大學舊藏。首有焦竑序曰：「昭代文章不啻汗牛充棟，而茲獨取有益
于舉業者，采而摭之，俾今日之呻吟，當異日之用。」說明其選文之標準及成書之
因。每一文均有評語列於書眉，或爲意境賞析，文後則有評者閱後心得。原刊有圈
點，另有朱筆圈點。每半頁十行，行二十字。雙魚尾。板心上書「明朝古文」，下書
口記頁數。

結　論

焦竑由於個人之好購書、藏書，再加上官翰林院修撰，盡閱內府藏書，故其學
淵博，尤長於史學及心學，故可稱爲心學家之長於史者。觀其著述，亦以此二類爲
多，其中史類以《國朝獻徵錄》百二十卷及《國史經籍志》最有名，《焦氏筆乘》及
文集《澹園集》則最能表現其主張三教匯一之心學理論。其餘無論經、史、子、集，
各方面均有著作，故爲泰州一派後勁。

唯今人受紀昀《四庫提要》影響，對焦氏遺書，目爲異端，遂不讀其書，《提要》
亦多將之列於存目中，使焦氏之學不爲人所接受瞭解。今特將焦氏著述及選評之書
共三十八部，一一收集簡介之，以使後人於其史學、目錄學方面成就外，亦有所認
識，並從而肯定焦氏在明代文學及理學方面之地位與貢獻。

第三章 《國史經籍志》成書背景依據與傳本

　　《國史經籍志》之作，起於萬曆二十二年，因大學士陳于陛建議修國史，推薦焦竑主持其事，焦氏於是先撰《經籍志》六卷，後國史雖然未能修成，但因《經籍志》係爲國史而纂修，遂仍以國史爲名，此爲焦竑撰《國史經籍志》之動機。然一書之撰成，除有動機之外，亦必有其背景、依據等，此爲探討本書之前，應先有之瞭解。

　　本章將就焦竑撰《國史經籍志》之先天條件加以敍述，以明其成書背景，爲第一節。再將《國史經籍志》之成書依據說明之，列爲第二節。又《國史經籍志》各傳本，今所見者不多，然亦爲一重要研究課題，不可忽之，茲因內容有限，故不立專章討論之，附列於此，爲第三節。今分述如下：

第一節　《國史經籍志》成書之時代背景

　　大凡作家之撰述，除因本身有感而發外，外在環境之刺激亦爲重要之誘因，而此外在誘因，又包括了時代風尚及所處地域的配合等因素。以下便就焦竑撰《國史經籍志》時，所受之外在影響，分別討論之。

一、印刷術發達

　　自唐代發明雕板印刷術以來，歷經五代、宋、元等朝，至明代而大盛，出版事業便大爲發達。自唐末到五代，已發展出三種經營刻書事業的人：書坊、私家和政府，因而書籍就有坊刻本、家刻本及官刻本之別。歷經宋元二朝，至明代，各種刻書數量均已超越前代數倍，葉德輝《書林清話》卷五〈明人私刻坊刻書〉所列有刻書堂號者，即達一百二十家，則無堂號者又不知凡幾。至於藩府刻書，據昌彼得先

生整理統計，數量亦達二百三十六部之數（見《板本目錄學論叢》第一冊）。到明末，印刷業更爲發達，但陋誤亦多，昌先生便說：

> 明代人刻書草率而濫，校勘不精，任意節略舊籍，變亂卷次，字體呆滯，爲藏書家所詬病。這種習氣到明末萬曆至崇禎（1573～1644）七十餘年間更至其極。但是自印刷術的眼光看來，這幾十年間是我國雕板印刷術最盛時期。在量的方面言，這時期所刻的書遠超過前代……。（〈中國的印刷術〉，《版本目錄學論叢》第一冊）

雖然刻書之濫謬極多，甚且有僞作、剽竊他人之著作等情形，但也必然是因爲銷路好，出版商才會爭相出版書籍。故可推知，明代因讀書人增多，對圖書之需求量增加，除研究前代古書，當代學者著書必亦增加，再加上印刷出版業發達，使明代圖書大量增加。焦竑正處明末刻書極盛期，有此先天優良環境，於其《國史經籍志》撰述之取材，正大有助益。

二、私家藏書日漸增多

明代刻書事業既盛，私人藏書者亦日漸增多，因而私家藏書亦爲焦氏撰書之重要取材。屈萬里、昌彼得先生著《圖書版本學要略》卷二〈明代刻書狀況〉云：

> 明中葉以後，書業漸聚於蘇州，晚明時南京、杭州、及歙縣三地，書坊亦蔚然興起，此各地書業盛衰之大較也。

因此，藏書家也多集中江南，尤以明代成化年至清初爲然，藏書家多集中於江浙一帶。《圖書館學季刊》第二卷第一期內有袁同禮撰〈明代私家藏書概略〉一文云：

> 成化以降，藏書之風益盛。蘇州有朱存禮、楊循吉、都穆、文璧、錢同愛、張寰（有崇古樓）、顧元慶（有夷白堂）。華亭有徐獻忠、何良俊（清森閣藏書，後燬於倭夷）、朱大韶。上海有陸深及黃標。諸人藏書之地，俱未出江蘇之境者也。嘉隆間天下承平，學者出其緒餘，以藏書相夸尚。浙江與江蘇乃互相頡頏，武進之唐順之、太倉之王世貞、長洲之錢穀、劉鳳；海虞之楊儀、歸安之茅坤、烏程之沈節甫、嘉興之項元汴、寧波之范欽，均富收藏，開清代私家藏書之端緒焉。……萬曆以降，鉅儒宿學，亟亟以搜羅典籍爲務。金陵之焦竑、江陰之李鶚翀，其尤著也。……然明代萬曆以後，私家藏書，當以海虞爲最盛，趙琦美之脈望館、錢謙益之絳雲樓、以及毛晉之汲古閣，均以藏雄視於東南。

焦竑本身即爲金陵之重要藏書家之一，祁承爜《澹生堂藏書訓》便稱其「藏書兩樓，五楹俱滿」；黃梨洲《南雷詩曆》卷四〈次族姪俞邰太史（黃虞稷）見贈韵〉五首之

四亦有：「秣陵焦氏外，千頃聚書多」之句，雖未知其藏書卷數多少，然由黃宗羲《南雷文約》卷四〈天一閣藏書記〉所載：「辛巳（1641）在南中，聞焦氏書欲賣，急往訊之，不受奇零之值，二千金方得為售主。」亦可想見書藏之富矣。焦竑除本身藏書頗豐外，又與唐順之、王世貞等藏書家交好，故常能與之相互往來，互通有無，於其撰書均有俾益。

三、明代公、私書目多

　　私人藏書既多，則便有目錄之書產生以供檢閱。梁啟超在〈圖書大辭典簿錄之部〉（《圖書館學季刊》第四卷第三、四期）中便說：

> 宋明以降，版刻盛行，書之流布收集日益易，而其散佚淘汰亦日益速，公私度藏搜訪，多有簿記，流略之學，以附庸蔚為大國。

遇有交通不便無法親見書時，竑便向私人收藏家索取書目，以為修纂之材料。如《澹園集》十三載〈與王方翁書〉曰：

> 聞荊川先生（唐順之）這：元人經解，佳者甚多。鄴架有所藏，并一切書目，望見示。但欲知其名目、卷數，不必見書也。

同卷又〈答錢太學書〉云：

> 鄭端簡公（鄭曉）最名通，今其家國朝典故之書必多，丈一為轉問其目，僕自託人就其家傳寫之。

由是而知《國史經籍志》之著錄，當代見之私人書目，亦為重要依據。

四、為翰林院修撰，得閱內府藏書

　　弱侯自萬曆十七年中一甲進士，為翰林院修撰以來，便得盡閱中秘之書。且從其文集中所收文章來看，他為纂《國史經籍志》，亦用力頗勤。他在〈答鄧孺孝書〉中云：

> 近以史事，得盡窺石渠之藏，知宋人經解甚多。（《澹園集》十三）

他又曾上〈修史四議條陳〉，其中有云：

> 臣向從多士之後，讀中秘之書，見散失甚多，存者無幾。（同上卷五）

可見明志批評焦竑「延閣、廣內之藏，竑亦無從遍覽」，是不對的。陳于陛之欲竑專領修國史事，使竑於內府之書遍讀之，故《國史經籍志》卷一制書類中所錄之書，推測當大多取材自內府所藏。

　　以上所述，即為《國史經籍志》之成書背景。有外在環境之有利條件，再加上焦竑個人喜好藏書，深知書籍之重要性，復得大學士陳于陛薦修國史之機，乃成此書也。

第二節　《國史經籍志》之成書依據

　　焦竑自萬曆二十二年開始著手編寫《國史經籍志》，至萬曆二十五年離開翰林院為止，其初稿即已編成〔註1〕。而以一部著錄古今著作逾萬種之大書目，以一人之力，在三四年之內即完成初稿，倘僅根據零星搜集之各家藏書目來編纂，是不可能的，必然別有取材依據。本節即敍述《國史經籍志》成書之根源。

一、鄭樵的《通志・藝文略》

　　取鄭氏〈藝文略〉及《焦志》相較一過，發現《焦志》實以鄭氏〈藝文略〉為底本，僅更動其部類，略予增刪書目而成。其分類乃取法鄭樵《通志・藝文略》，在部類之下，再細分子目，所不同處則在鄭樵為十二分法，而焦氏則沿襲自晉荀勗、李充以來傳統四部分類法（關於《國史經籍志》之分類問題，將留待第五章詳細討論之，此不贅述）。至於〈鄭略〉所著錄之書，百分之九十五以上皆見於《焦志》，甚有許多屬目所載之書，乃完全抄自鄭略，而沒有新增，與他在大序中說「以當代現存之書，統於四部」完全不合。可見焦竑作《國史經籍志》乃以鄭樵《通志・藝文略》作一底本，從事更動補苴之工作，因此鄭樵《通志・藝文略》為《國史經籍志》成書之最主要依據。

二、其他公、私書目

　　《國史經籍志》之分類乃倣鄭樵〈藝文略〉，而其類目則十九與《隋志》相同，僅經類多增孟子、經總解，而改緯書分隸各經之後。稍有更動者，亦多依其他公私書目而改之。如：史類增時令、食貨二類，乃從陳振孫《直齋書錄解題》及鄭樵《通志・藝文略》；子類增藝術、類書二類，則從《新唐書・藝文志》，僅更改其類名〔註2〕；集類所增制誥、表奏、詩文評，則從尤袤《遂初堂書目》及陳振孫《解題》折衷得之。至於唐以前人之著作，焦氏亦偶根據史籍及隋唐史志來增補，如類家類據《新唐志》增補陸士衡《要覽》三卷；簿錄類總目之屬新增一部無撰人《古今四部書目》五卷，乃據《梁書・文學・劉杳傳》載嘗撰《古今四部書目》行於世而增補之。宋代迄明人的著作，為焦氏《經籍志》較鄭氏〈藝文略〉所增者，而所增之書，除焦氏眼見外，私人藏書目亦為焦竑所資取材者，觀《國史經籍志》簿錄類列明代公私書目二十餘種，即知其所補明人著作之依據何在。

〔註1〕萬曆三十年原刊本《國史經籍志》，前有焦氏學生陳汝元序，稱此志在二十五年即已編成，並在搢紳間傳抄流行。後來經過修訂，到三十年才雕刊印行出版。

〔註2〕《新唐書・藝文志》有雜藝術類，焦竑則改為藝術類。

三、焦竑藏書及焦氏藏書目

　　焦竑既爲萬曆時金陵之重要藏書家，則其所藏亦必爲《國史經籍志》成書之重要依據，凡有鄭氏〈藝文略〉或史志所無而焦氏所有者，則必據而增補之。焦氏並編有《藏書目》二卷，《千頃堂書目》、《明史·藝文志》均著錄，可知清初尚存。惜今不傳，於焦氏藏書之富無從窺知。

四、內府藏書

　　明初文淵閣的豐富藏書，到了焦竑時代，已經散失很多。取萬曆三十三年張萱、孫傳能所編之《內閣藏書目錄》與《文淵閣書目》相校，可知宋元舊籍到萬曆時散佚者已十達八九，所增者則多爲明代官書。《國史經籍志》卷一所著錄之御製書類，應是焦竑居翰林院修撰時所見之內府藏書，依《文淵閣書目》首列「國朝」以著錄明初諸帝王御製、勅撰及政書、實錄之例，而特列首卷著錄之。

　　焦竑撰《國史經籍志》，乃以鄭樵《通志·藝文略》爲底本，參採諸家書目及書籍，復以內府藏書爲著錄依據，刪削增補而成。雖謬誤不少，然切不可因此而否定了焦氏撰著時之苦心。

第三節　《國史經籍志》之傳本

　　《國史經籍志》自萬曆二十五年成書，便在搢紳間傳抄，萬曆三十年首度刊雕出版。萬曆末年，錢塘書坊徐象橒曼山館又予以翻刻再板。清康熙至雍正間敕修的《古今圖書集成》曾將此志輯入經籍典中。咸豐元年，伍崇曜又再翻刻，收入粵雅堂叢書第五集。近代出版之《叢書集成初編》及《百部叢書》均據粵雅堂本翻印。若再加上清代鈔本，則目前可得知《國史經籍志》版本，共有十九種，今得見者則僅九種。惟此十餘種傳本，有不署抄錄者名氏，或未詳抄寫年代，使其相互關係頗爲紛亂。今依所知各種傳本，略依時代先後敍述如下。

一、《國史經籍志》原稿本。佚。

　　焦竑撰。按此即萬曆二十五年焦竑所編之《國史經籍志》原稿本。據他的學生陳汝元說，此目在二十五年即已編成，並在搢紳之間傳抄流行。後世各藏書題識等書均未提及此本，則當早已亡佚，故此本之內容如何，及與現存傳本之差異爲何，均已無從考索。所可知者僅爲此本必較後代刊本爲略矣。

　　按梁子涵先生所編之《中國歷代書目總錄》，載《國史經籍志》之最早傳本爲明萬曆十八年金陵刻本，此當據莫友芝《邵亭知見傳本書目》卷六《國史經籍志》條

下載「明萬曆庚寅金陵刻本」而錄，然《國史經籍志》之作乃由萬曆二十二年大學士陳于陛建議修國史，並薦竑主事之時開始，自不可能在十八年已有刻本；且焦竑於萬曆十七年方中進士，至萬曆十八年間短短一年之期，更不可能完成《國史經籍志》一書，故莫氏「庚寅」之載，或為「壬寅」（萬曆三十年）之誤，梁氏不察，而沿此誤矣。

二、《國史經籍志》鈔本。佚。

陳汝元序《國史經籍志》曰：

> 歲丁酉，元以國子生赴試京師，偶於薦紳家獲觀先生所輯《國史經籍志》。元盥手展閱之……誠哉秋苑南針，士林嚆矢，何怪薦紳家轉相繕寫，而長安紙價為之騰貴也。……

可見焦竑完成《國史經籍志》之初稿本後，他便離開了翰林院，原稿雖不夠完整，然已在當時讀書人之間轉相傳抄，則汝元所見，當為轉抄本，而非焦氏原稿本也。今未見。

三、焦氏《國史經籍志》定稿本。佚。

焦竑補正。《國史經籍志》雖在搢紳家轉相繕寫，而此時竑已謫福寧州同知，並先後略為增訂之，直至萬曆三十年方成定稿。陳序曰：

> 壬寅（三十年）春，謁先生於金陵，先生提命之，頃出是編相示，則比京師時又加詳矣

故知此本較二十五年之初稿本為詳，然因竑已不在其位，所增應亦無多，後便據此本而刊雕出版。今不見，應已亡佚。

四、萬曆三十年陳汝元校原刊本（書影一）。存。

此本現藏故宮博物院圖書館，為國立北平圖書館舊藏，題曰「門人東越陳汝元校刻本」，共五冊。書首有竑〈自序〉（書影二）曰：

> 自書契以來，靡不以稽古右文為盛節，見於方策可攷已。我太祖高皇帝伐燕，首命大將軍收秘書監圖書及太常法服祭器儀象版籍。既定燕，復詔求四方遺書。永樂移都北平，命學士陳循輦文淵閣書以從，且輶軒之使四方探討。其時睿藻宸章既懸象魏，而延閣、廣內之藏，如觸目琳瑯，莫可注視，何其盛也。累朝通集庫皇史宬，所在充牣。而宣德以來，世際昇平，篤念文雅，廣寒、清暑二殿及東西瓊島，游觀所至，悉置墳典，迨雞林土蕃遺使求書，文教遠播，直與奎壁日月激衝光明，而宛委羽陵之有，

方之蔑如矣。繇此觀之，運祖此鉛槧息，治盛則典策興，蓋不獨人主風尚繫之，而世道亦往往以爲候，可無志哉。劉歆《七略》，類例精已，荀勖乃更著新錄，析爲四部，合兵書術數方伎於諸子，春秋之內別出《史記》，經子文賦一仍其舊，繇近世史籍猥眾，若循《七略》，多寡不均，故謝靈運、任昉悉以勖例銓書，良謂此也。今之所錄，亦準勖例，以當代見存之書，統於四部，而御製諸書，則冠其首焉。史官焦竑序。

敍明代書籍聚散情形，及其著書之因，並略述其書之體例。其次爲陳汝元校刻序曰：

歲丁酉，元以國子生赴試京師，偶於薦紳家獲觀先生所輯《國史經籍志》，元盥手展閱之，則見蒐羅之廣，而茂先（張華）、彥淵（陸澄）讓其學；再閱之，則見類例之精，而孟堅（班固）、蔚宗（范曄）謝其識；三閱之，則見論譔之瞻，而更生（劉歆），子雲（揚雄）遜其才。誠哉秋苑南針，士林嚆矢，何怪薦紳家轉相繕寫，而長安紙價爲之騰貴也。更數月，先生奉璽書，校士畿輔。元不才，謬荷先生甄拔，得稱門下士。而先生以是冬南歸，不接丰範者累歲。壬寅春，謁先生於金陵，先生提命之，頃出是編相示，則比京時師又加詳矣。元避席再拜，請曰：弟子心契是編，業非一日，與其藏之名山，曷孰公之同志；與其轉相繕寫之煩，孰若授諸剞劂氏，俾家喻而戶曉也。先生曰：此非不佞私書，迺國史中一志爾，向以職事攸關，勉強成此，顧其間所載，僅子經目者，恐貽挂漏譏，且國史告竣無期，而是編先布，毋乃不可乎。元曰不然，夫史固非旦夕可成，即成矣，而金匱石室之儲，豈閭閻可得覩也，玉軸牙籤之富，豈寒素可得收也。國史昭祖宗功德之隆，是編表國家人文之盛，合之則共成其美，分之則各擅其長，即先史而布庸何傷。於是先生首肯，命元校讎而付之梓，凡五閱月而工訖，因附書數語，以紀歲月云。會稽山陰門弟子陳汝元頓首謹識。
（書影三）

述《國史經籍志》刊雕成書之經過。全書有「宣城李氏瞿硎石室圖書印記」、「宛陵李之郇藏書印」等印記。原題：「太史北海焦竑輯，門人東越陳汝元校。」版心上刻書名及卷名。單欄，每半頁十一行，行二十四字。全書頗多闕文或不明卷數處，則空而不刻，未以白匡表之，如：御製書「成祖文華寶鑑　卷」、勅修書「成祖四書大全　卷」，其中以集部書闕文最多。書中有墨筆增補者，且爲數不少。

　　按此原刊本，中研院史語所傅斯年圖書館亦藏有一部五冊，然據《台灣公藏善本書目書名索引》所載則爲曼山館本。考史語所藏本，無論行款、版式、筆刻皆與原刻本相同，唯書前之焦竑〈自序〉與陳汝元〈序〉，與原刊本格式不同，則知當日

是刊或版行多次矣。

今美國國會圖書館亦藏有一部五冊。據王重民輯《館藏中國善本書錄》載，格式亦為十一行，行二十四字，王氏說：

> 原題：「太史北海焦竑輯，門人東越陳汝元校。」封面題：「越郡陳氏函三館藏板。」卷內有：「埽塵齋積書記」、「禮培私印」兩印記。自序。

則知此書亦陳汝元校刻本，唯無陳序。

五、鈔本。存。

書存美國國會圖書館，共二函十二冊。每半頁十一行，行二十四字。王重民錄此書曰：

> 原題：「太史北海焦竑輯，門人東越陳汝元校」。按此據陳氏函三館刻本影鈔。卷端多陳汝元序，又附焦先生來書二通。第二書稱：「得手尺，并新刻，可勝感慰。此書一行，今好古者因名以求書，其為助不淺，皆吾足下之功也。」則是後來補刻。

並稱前本館藏萬曆間刊本之焦序行款與此本同，唯此本改大字寫刻，且內容亦間有改正。

六、萬曆間錢塘徐象橒曼山館刊本〔註3〕（書影四）。存。

此書現存故宮博物院圖書館，為國立北平圖書館舊藏，共一函五冊，今四卷上佚，存四冊。原題：「史官瑯琊焦竑輯，錢塘徐象橒校刊」。版心上刻「經籍志」及卷數，下書口刻「曼山館」三字。每半頁十行，行二十字。此書蓋依原刊本刻，故闕文均從原刊本而空。全書謬誤頗多，如經類傳注梁溪易傳作者李綱，誤刻為李剛；《集注叢書》十卷作者趙汝楳，則誤刻為趙汝淇。書中並有朱筆更正。

首為焦竑序，然為大字寫刻（書影五）。此書中有一極大錯誤，即漏刻原刻本經部二十四頁前後頁（書影六、七），含春秋類條例之屬書三部、圖譜之屬書二十四部、音之屬書六部，殆刻工之誤也。此書卷三史部正史類《史記》、《漢書》、《三國》、晉、宋、齊等書，簿錄類家藏總目、文章目、經史目之書，卷四上子部儒家類等書均佚。

〔註3〕昌彼得先生在〈焦竑《國史經籍志》的評價〉（見《屈萬里先生七秩榮慶論文集》）一文註三中，對徐象橒刻《國史經籍志》之時間，有所討論。他說：「徐氏曼山館刻《國史經籍志》，不載年月。按焦氏的著作，多由曼山館刊雕出版，其載有年代者，如萬曆四十四年刻《國朝獻徵錄》一百二十卷，四十七年刻《七言律細》一卷、《五言律細》一卷，四十六年刻《玉堂叢語》八卷，無年月刻《焦氏校荊川武編前後集》十二卷，最晚者為天啟元年刻焦氏批點的《蘇長公二妙集》二十卷。是《國史經籍志》當亦刻在萬曆末年他尚在世時。」

中央研究院歷史語言研究所亦藏有一部，則首尾完具。

七、日本承應三年京都板木屋七右衞門覆曼山館本（書影八）。存。

此本現藏台灣大學文學院聯合圖書館，共二函十冊。乃日本承應三年（清世祖順治十一年，西元 1654 年）據徐象橒曼山館覆刻之和刻本。原題：「史官瑯琊焦竑輯，錢塘徐象橒校刊」，下書口亦刻「曼山館」三字，全依曼山館原式翻雕，字體亦極爲神似。書首爲大字寫刻之焦序（書影九）。卷六糾繆末有「鳥丸通下立賣下町，野田庄右衛門板行」之牌記（書影十）。美國國會圖書館亦藏有一部日本翻刻本，乃據曼山館本翻刻，共一函四冊，不知與台大藏本是否爲同一部。王重民並錄曰：

> 今曼山館本較函三館本尤罕見，則此本亦有足珍者，卷內有：「讀杜草堂」、「掃葉山房藏書」等印記。

則知此本曾爲虞山席鑑所收藏也。

八、鈔本。存。

此抄本現存中研院史語所傅斯年圖書館，共五冊。本書首冊有燬燒之跡，當自火中搶救出，爲一修補本。首冠焦序，同曼山館本爲大字寫刻。此書乃據曼山館本鈔，故格式與之全同，曼山館本漏刻之頁亦漏鈔之。無邊欄、界格。誤字頗多，如：蘇誤爲蕪，西誤爲西，統誤爲兢等。然有原刊本闕文，而此本自行補之者，如：史部通史類史纂右編，原不載卷數，補爲十卷；子部儒家類居業錄，增錄其卷數曰四卷。全書有「羣碧樓」、「查氏珍賞圖書印」等印記。有墨筆夾注、訂正。

九、清康熙間鈔本（書影十一）。存。

此鈔本現存國家圖書館，共二函十冊。書首爲焦竑序，行款與原刊本序同。無邊欄，亦無界格，內容格式則與曼山館本同爲每半頁十行，行二十字，乃據曼山館本鈔。有鈔寫錯誤者，則以朱筆點去，並更正之。全書無印記。

十、黑格舊鈔本。佚。

此鈔本據清繆荃孫《藝風藏書記》載曰：

> 黑格舊鈔本。收藏有「曹氏宗柱星佑氏」白文聯珠印、「修業堂」白文長方印、「仲魚過目」朱文方印、「拜經樓吳氏藏書」朱文印、「潘茱坡圖書印」朱文長方印，題籤篆書爲同里吳冠英手蹟。」

則知此書曾爲陳鱣、吳騫等人先後收藏，然今不傳。

十一、舊鈔本（書影十二）。存。

此鈔本現存國家圖書館，題「清初原抄配補重鈔本」，共二函十二冊。無邊欄、界格。無序，書首僅題「史官瑯琊焦竑輯」，未錄校者名，不知據何本鈔。格式同曼山館本，爲每半頁十行，行二十字。然此本闕文較曼山館本多，不知何故。全書無印記。

十二、鈔本。

民國鄧邦述《寒瘦山房鬻存書目》卷四《國史經籍志》條下記曰：

> 鈔本，前有竑〈自序〉，有家在言子闕里一印，又吳越王孫印，又西田分支印，又彭城郡印，又每愛奇書手自鈔一印，有朱筆校。此三冊鈔校皆精，可稱善本。考其印記，實出虞山錢氏，每卷後有虞山錢曾遵王藏書一印，則似僞作。冊首所鈐諸印，除已錄外，尚有閒章數方，皆眞確古雅，鞠常前輩引懷舊集云：「錢履之次子孫艾，字頤仲，每與人通借鈔錄，朱黃兩毫不去手，篆刻似文彭。」觀此本所印諸篆刻，頗宗三橋，疑是頤仲手自鈔校，非絳雲、述古兩家之古籍也。己巳四月羣碧檢記。

鄧邦述疑此爲錢頤仲抄校，然今不見此本，未能確定究爲誰鈔也。亦不詳存佚。

十三、南枝堂鈔本。存。

國立北平圖書館書目目錄類著錄南枝堂鈔本四冊。按南枝堂爲清順德薛始亨之室名，始亨字剛生，有《南枝堂集》。則此鈔本或爲薛始亨所鈔。應仍存北平圖書館。

十四、清雍正《古今圖書集成》本。存。

《古今圖書集成》乃清蔣廷錫等奉敕編，於清雍正六年刊行，爲銅活字本，故宮有藏。《國史經籍志》被收入理學彙編經籍典經籍總部第二十二至第三十二卷。有竑自序。每葉九行，行二十字，字體頗大。民國二十三年上海中華書局據之影印刊行。

十五、清木活字版覆明萬曆徐象橒曼山館刊本。存。

日本京都大學人文科學研究所、東京大學東洋文化研究所及靜嘉堂文庫均藏有此本。《京都大學人文科學研究所漢籍目錄》稱此書「有仁和韓氏玉雨堂圖記」。按韓氏即韓泰華，浙江仁和人，道光時官潼關道。晚居金陵，築玉雨堂，藏書甚富。由鈐有韓泰華晚年之書室名玉雨樓印記觀之，此本或刻於道光、咸豐年間。

十六、粵雅堂叢書本（書影十三）。存。

此本乃伍崇曜於咸豐元年據廣文舊藏鈔本翻刻而成，分五卷及《附錄》一卷，

收錄於第七函第四十九至五十三冊。目前國立中央圖書館台灣分館、中央研究院歷史語言研究所、台灣大學、師範大學、東海大學等處均有收藏。

　　廣文書局書目五編及華文書局均曾影印發行。藝文印書館《百部叢書集成》及民國二十四年上海商務印書館均曾據之翻印。

十七、上海圖圖書集成書局鉛印圖書集成本。存。

　　此本係清光緒十年，上海圖書集成書局以匾體鉛字縮小排印雍正六年銅活字版之《古今圖書集成》，《國立北平圖書館書目》目錄類有載，共二冊，應仍存北平圖書館中。

十八、上海同文書局石印本。存。

　　此本係光緒十六年，由上海同文書局依銅活字本描潤石印而成，共十一卷六冊，國立北平圖書館藏有一部。國防研究院亦藏有一部石印本配補手鈔本。

第四章 《國史經籍志》之體例

　　在本書第三章第二節中，敍述了《國史經籍志》成書之依據，知道其主要乃以鄭樵《藝文略》為底本，僅將部類更動，並加以增刪書目而成。其分類部份，留待下章再討論，本章先談《國史經籍志》之體例。

　　《國史經籍志》中所載之書雖有百分之九十五以上均見於鄭樵《藝文略》，但他能將這些書重新安排，在模倣上再加以組織創新，形成了他特殊的五部分法〔註1〕，故將其著錄之體例立為第一節；其體例有安排不妥之缺失處，將在第二節中討論；《國史經籍志》體例雖有不當處，但仍有特殊成就與貢獻之處，則在第三節中述明。以下分述之。

第一節　著錄之體例

　　《國史經籍志》全書共分六卷，首卷為明代御製書類，下分四目；卷二經部，分十一類；卷三史部，分十五類；卷四子部，分十六類；卷五集部，分五類並附詩文評；卷六為糾繆，條舉漢、隋、唐、宋史志，及唐四庫目、宋崇文目、鄭樵《通志・藝文略》、馬氏《經籍考》、晁公武《郡齋讀書志》等諸家部次的錯誤而糾之。卷前有大序一篇，四部四十七類後各有小序一篇，中唯子部天文家次為天文、曆數兩目，各有小序，故四部共得小序四十八篇，加上御制書類的小序，共計四十九篇。

〔註 1〕 五部分法乃近人劉簡所著《中文古籍整理分類研究》第二章〈類例——古分類法〉中，歸納歷代史志及書目分類法後所自創之稱法，將制書類加傳統經史子集四部為五部。

　　由以上敍述來看，焦竑除將鄭樵《藝文略》中所載之書，依晉荀勗四部分類的方法加以重新分部之外，又特列了御制書類，另外又在最後加上了糾舉前代史志書目之誤的糾繆；至於其著錄的方法，於篇目、敍錄、小序這三者，則有所簡略，亦有所保留。在分別討論之前，要先對《國史經籍志》收書之範圍有所瞭解。

　　自劉歆《七略》以降，目錄書無論公修私撰如《漢志》、《隋志》、《唐志》、《宋志》、鄭樵《藝文略》、晁公武《郡齋讀書志》、陳振孫《直齋書錄解題》及《文獻通考‧經籍考》等，所收內容均上起先秦，下迄當代，此爲通代收書之例，其優點便在可以知一書之存佚，並考學術之源流。《國史經籍志》既以鄭樵《藝文略》爲底本，故收書之例亦同鄭樵《藝文略》。鄭樵在《校讎略》「編次必謹類例論」之五中便談到他收書的主張：

> 今所紀者，欲以紀百代之有無。然漢晉之書，最爲希闊，故稍略。隋唐之書，於今爲近，故差詳。崇文、四庫，及民間之藏，乃近代之書，所當一一載也。

他主張收書應包含古今，不以一代之著述爲滿足，故其所收除前代之書外，當代書目、私人藏書等均爲引據之資。焦竑徧收鄭氏著錄之書，而又較鄭氏新增宋代迄明人的著作；唐以前人的著作，焦氏也偶據史籍及隋唐史志增補之，但數量甚少，且多誤。所增補宋元明人之著作，除卷一特增御制書外，其餘之類別，以解經（含經類各目）、正史、編年、傳記、地里、簿錄、儒、道、釋、雜、小說、類書及集部等類較多，甚有增加二百餘部者（如子部小說家）。其餘如史部的霸史、雜史、食貨、儀注、法令，子部墨、法、名、縱橫、兵家、天文曆數、五行、醫家、藝術等類，較鄭氏藝文略所增補的，少則三四種，多者也不過十餘種，其中亦有僅將鄭氏著錄的書部次的書部次酌予改易，由甲入乙，而並無新增者，如食貨酒茗目，乃合〈鄭略〉食貨茶、酒二目而成；又如天文家星占目，乃合鄭略五星占及雜星占二類之書而成。更有全采鄭略著錄的書而全無新增，編次也全依鄭略的，如儀注類中的吉禮、賓禮、軍禮、嘉禮、封禪、汾陰、后儀、王國州縣儀注、耕籍儀、國璽等十個屬目，天文家曆數的雜星曆、刻漏二屬目，及五行家類中的易軌革、龜卜、射覆、雜占、逆刺、式經、陰陽、元辰、相笏、相印、堪餘、易圖、婚嫁、產乳等十四個屬目。其實以上所述的這些類目，除了子部的墨、法、名、縱橫諸家，宋明人較少有著作以外，其他各類，依《宋史‧藝文志》及黃虞稷《千頃堂書目》來看，並非宋明人沒有著作，甚且有的著作還相當豐富，只是焦氏未加以收錄，這不得不算是焦氏收書體例上的缺失。

　　《國史經籍志》首卷列制書類，下分御製、中宮御製、勑修、紀注時政等四目。

將帝王著作冠首的體例，最早見於《隋志》，然當時是每一類目之首先排列帝王著作之書，如無帝王著作，則以敕修或官修諸籍冠首，後再接列一般撰述，此體例後代大多襲用。至楊士奇撰《文淵閣書目》，始將御撰敕修的書冠於書目之首，總名之曰國朝；焦竑便採其例，於四部之首列制書類，將當代御撰敕修之書列之，故此志依精神，應仍是四部分類的目錄。

　　《國史經籍志》著錄各書，均首冠書名，次卷數，以下再以小字記撰者或加小注。如

　　　　南畿志六十四卷　陳沂。

　　　　漢上題襟集十卷　段成式溫庭筠余知古酬答詩牋。

若有不知卷數，或撰人不詳，或無可注者，則付闕如。各書依經、史、子、集四部為排列次第，其中經部分十一類，史部十五類，子部十六類，集部五類，共四十七類。由於明代御撰敕修之書已獨立成一制書類，故經、史、子、集四部之中，列明代以外歷代帝王著作之書，且依時代先後為次排列之。每代先列帝王著作，如無帝王著作，則以敕修或官修之書冠首，若亦無敕修官修之書，方列一般撰著之書。如經部樂類樂書之屬，首列漢桓譚撰《樂元起》二卷，因漢代帝王無此類著作；次列梁武帝撰《樂社大義》十卷及《樂論》二卷，後接南朝人撰著樂書十一部，又列唐武后撰《樂書要錄》十卷，以下再接列一般撰作。

　　同一類中諸籍，若在內容上有別，則類下再分目，以目名標示之。如經類下先以小字書分類名，分類名下復以小字書目名。如：

　　經類　易　書　詩　春秋　禮　樂　孝經　論語　孟子　經總解　小學

　　　　易　古易　石經　章句　傳注　集注　疏義　論說　例　譜　考正　音
　　　　　　數　圖　讖緯

以下便列古易之書，書末次行並標示「右古易」，使書目之分類極為清楚。每目中一般撰述之排列，也大致依年代次第為準，但不十分嚴謹，時有錯亂情形出現。每一分類書目列完之後，有小序一篇。

　　我國目錄學的體制，自漢代劉氏向歆父子立篇目、敍錄、小序為三大著錄原則後，即為後世編目錄者所取法。昌彼得先生在《中國目錄學》〔註 2〕第五章〈目錄學的體制〉內論曰：

　　　　劉氏向歆父子的別錄《七略》，是後世編者目錄者所取法的，故評論

〔註 2〕　《中國目錄學》一書為昌彼得先生《中國目錄學講義》之修補增訂本，由昌先生及
　　　　潘師美月合著，今以引據之便，仍以昌彼得先生概稱之，以下皆同。

目錄書的優劣，不能不拿錄略作爲衡量的標準。綜括錄略著作的體例，主要有三項：一曰篇目，是概括一書的本末；二曰敍錄，是考述作者的行事，與論析一書的大旨及得失；三曰小序，是敍述一家一派的學術源流。所有這幾種體制，其作用即是章學誠所謂的：「辨章學術，考鏡源流。」後代的目錄書，無論其内容或詳或略，或損或益，大抵不出這三個範圍。自從雕版印刷術普及後，宋以來的目錄書中間有記載版本的。清乾嘉以來，版本之學興盛，各家藏書目錄的編撰，大多詳記版刻的源流，則所以考版本的源流異同。這種體例雖然屬於後起，但已爲近世研治目錄學者奉爲圭臬。以上四項體例，如有不備，則目錄的功用不全。

據此，則篇目、敍錄、小序、版本四項，乃目錄書必備之體例。其中篇目一項，因古代書籍乃以簡冊行世，每篇各爲一冊，故爲目錄書者，必以釐定篇目爲首要；降至後代，紙張發明，書籍可以合訂成冊，極易保存尋檢，篇目均移至書首，列篇卷目次，以供查檢，篇目之體於目錄書中，已不甚重要。敍錄一項則爲敍作者生平，述著書之原委及大旨，及評論該書之得失，爲目錄書應備之體。小序之體，則在條別一家一派之源流及得失，即章學誠所謂「辨章學術，考鏡源流」也，亦目錄書不可忽略之體例。至於版本一項，則起自明清版刻大行，各版本間時有甚大差異，故爲明清目錄書新增之體制。

今考《國史經籍志》全書之著錄，具有小序之體，篇目及敍錄統括於小注之內，版本之考論則付闕如，以下便依次分別討論之。

劉歆之作輯略爲小序之濫觴，班固編《漢志》，散輯略之文，分載各類之後，遂成目錄書體例之一。小序乃指以極簡扼之文字，敍述學術之淵源流變，昌先生以爲「非深通於其門學術，而能辨識其得失之故，則不足與此。目錄書的撰述，敍錄固非易易，而小序尤難。」（《中國目錄學》第五章〈目錄學的體制〉）並舉章學誠《校讎通義》敍證曰：

> 非深明於道術精微羣言得失之故者，不足與此。後世部次甲乙，記錄經史者，代有其人。而求其能推闡大義，條別學術異同，使人由委溯源，以想見於墳籍之初者，千百之中，不十一焉。

因此，後世目錄書能遵循小序撰述之例者也不多見，昌先生曰：

> 自《漢書・藝文志》以降，歷朝的官私目錄，於每類皆撰有小序者，各代偶或有之。而求其小序能辨章學術，考鏡源流者，實不多見。有小序或部類總序的目錄，除《漢志》而外，今存者有《隋書經籍志》、宋《崇文總目》、晁氏《郡齋讀書志》、陳氏《直齋書錄解題》、明焦氏《國史經

籍志》及清《四庫全書總目》六家。已佚傳而尚可考知的目錄，則有宋王儉《七志》、阮孝緒《七錄》、隋許善心《七林》、唐元行冲等《羣書四部錄》、毋煚《古今書錄》、宋《三朝藝文志》、《兩朝藝文志》、《中興藝文志》、《中興館閣書目》等九種。……（《中國目錄學》第五章）

而又稱此十六家中，足以繼軌《七略》、《漢志》者，只有《隋志》及《四庫全書總目》而已。

觀昌先生所錄今世所傳有小序之目錄書，自南宋末年陳振孫《直齋書錄解題》以後，到明萬曆間焦竑《國史經籍志》之二百餘年間，無論史志或書目，均無此項體制，也可說小序之體已湮沒無存，當時的目錄作者已根本不知道此項體制的功用。焦竑的《國史經籍志》，在四部四十八類之後，各有小序一篇，與《隋志》所不同者僅在每部之後未有總序，然卷首制書類有總序一篇，故共有總序小序共四十九篇。

焦氏的小序，較之《漢志》及《隋志》，稍有遜色，未能道出各類學術的淵源流變及得失，因此章學誠《校讎通義》卷二「焦竑誤校漢志」條，批評焦序僅論其著錄旨意及分類之故，他說：

> ……特竑未悉古今學術源流，不於離合異同之間，深求其故，而觀其所議，乃是僅求甲乙部次，茍無違越而已。此則可謂簿記守成法，而不可為校讎家議著作也。……

然考焦氏在諸子的幾篇小序，如道家及小說家等，尚能論析其學的淵源得失，茲酌引之，以為參證：

道家類小序——

> 九流惟道家為多端，昔黃、老、列、莊之言，清靜無為而已，煉養服食所不道也。赤松子、魏伯陽，則言煉養不言清靜。盧生、李少君，則言服食而不言煉養。張道陵、寇謙之則言符籙而不言煉養服食。迨杜光庭以來，至近世黃冠，獨言經典科教，蓋不惟清靜之旨趣，懵焉無聞，而煉養服食之書，亦未嘗過而問焉矣，而悉宗老氏，以託於道家者流，不亦謬乎。夫道以深為根，以約為紀，以虛極靜篤為至，故曰虛者道之常，因者君之綱，此古聖人秉要執中而南面无為之術也，豈有幾于長生哉。然以彼脩然元覽，獨立垢氛之外，則乘雲御雨，揮斥八極，超無有而獨存，特餘事耳。昧者至棄本逐末，誕欺迂怪因而乘之，假託之書，彌以益衆。嗟乎，世惟卓識殫洽者，能辨學之正偽，彼方士非研精教典，獨會于心，烏能知其純駁，擇善而從也。世行道藏，視隋唐宋著錄尤汎濫不精，今稍刪次之如左。

小說家類小序——

> 張衡之賦二京也，曰，小說九百，本自虞初，知古秘書所掌，其流實
> 繁。班固列之諸家，見王治之悉貫，與小道之可觀，其言雖已，何者，陰
> 陽相摩，古今相嬗，萬變摘起，蒐瑣弔詭，不可勝原，欲一格以咫尺之義，
> 如不廣何。故古街談巷議，必有稗官主之，譬之菅蒯絲麻，無悉捐棄，道
> 固然也。余故仍列於篇，蓋立百體而馬繫乎前，嘗聞之蒙莊矣。

就此二則之內容而論，前者述及道家之學的流變及傳承，亦論其得失。後者於淵源
流變及立此類之緣由亦有所及，故昌彼得先生以爲其實不遜於《四庫總目》的小序
〔註 3〕。且焦氏小序中又往往有足啓人深思之特見。昌先生又舉例，如詩類小序謂
「今詩頌七六篇，但考之《儀禮》，皆爲笙詩。笙詩僅有譜記音節，而無其辭，故非
亡佚。」又書類小序言「漢魏專門之學，廢於唐人；古文之僞，由其文辭格制之異，
可望而知」〔註4〕。小序中雖有特見，但也不乏謬誤之處，如經總解小序謂：

> 「唐定注疏，始爲十三經」。

不知唐時僅以《易》、《書》、《詩》、《三禮》、《三傳》爲九經，開成（文宗）間刻石
國子學，方加入《孝經》、《論語》、《爾雅》爲十二經，到宋代，復增《孟子》爲十
三經；因此十三經之名，應始自南宋。

綜論《國史經籍志》小序之體，有缺失，有誤謬，然亦有特見，且能掌握學術
淵源流變及得失之述，可稱爲焦志中最重要且最完整之體例。

劉向敍錄立下的三項義例——介紹著者生平，說明著書原委及大旨，評論書的
得失，是後世撰著目錄者所師法的，然而能與劉向所立的義例完全相合的則甚罕見。
嚴格說來，《國史經籍志》敍錄之體並不完備，凡涉及篇目、敍錄等問題時，皆統括
於小注之內。但每條小注並無一定的敍述準則，即小注內或單述該書之篇卷，或單
述撰者之姓名爵里，或單述該書之大旨，亦有將姓名爵里、篇卷、大旨等混合敍述
者。以下便將《國史經籍志》的小注歸納討論之。

一、載一書之撰人：焦竑對撰人的注解型式頗多。

（一）有僅注姓名者。

> 如經部樂類樂書屬《古今樂記》一卷下注曰：「李守眞。」

（二）若爲帝后，則僅注其帝號。

> 如子部道家類《老子總記》十卷下注曰：「梁簡文帝。」

〔註 3〕 見所著〈焦竑《國史經籍志》的評價〉一文，收於〈屈萬里先生七秩榮慶論文集〉
內。

〔註 4〕 同註3。

史部傳記類孝友目《孝女傳》二十卷下注曰：「唐武后。」

（三）若有姓名亡佚者，則但記書名、卷數，不著作者名氏，或注明作者不詳。

如史部職官類《唐國要圖》五卷下無小注。

子部道家類陰符經屬《陰符經太無傳》一卷下注曰：「張果得於道藏，不詳作者。」

（四）有知其撰者姓名而未加小注，乃將姓名移至書名中，此種情形於集部較多見。

如子部道家類陰符經屬有《李筌注陰符》一卷、《陸佃注陰符》三卷。

集部別集類則多屬此類，如《元好問遺山集》五十二卷。

（五）若一書有撰者、注者之不同，則分別注明。

如史部正史類《後漢書》一百二十二卷下注曰：「范曄撰，劉熙注。」

（六）若一書撰注者多人，而不詳其姓名者，則注明人數。

如集部表奏類《唐初表草》十卷下注曰：「顏師古、張九齡等十人作。」

（七）若撰者有官爵則加注官爵。

如子部天文家類《歷數》一卷下注曰：「吳太史令吳範。」

（八）若一書撰者知其地域，則加注地域以增加對撰者了解。

如子部天文家《雜要歷清霄玉鑒》三卷下注曰：「終南山鮑該撰。」

（九）有時以關係闡明作者之身份。

如子部儒家類《李克》七篇下注曰：「子夏弟子，魏文侯相。」《芊子》十八篇下注曰：「齊人芊嬰，七十子之後。」

（十）對撰者之時代，不注者很多，有的為學者所熟知（如鄭玄、王肅等），餘者是否因不可考而未注，則不可知，是小序中疏略之處。

二、記一書之卷目：《國史經籍志》小序中，有述該書之卷目者，然例子極少。

如子部儒家類《新序》十卷下注曰：「錄一卷，劉向。」

三、記一書之變遷：小序有記一書由古至今，歷代傳承情形。

如子部法家類《商君書》五卷下注曰：「漢十九篇，今亡三篇。」

《慎子》一卷下注曰：「損到撰四十二篇，隋唐分十卷，今亡九卷。」

四、載一書之大旨。

（一）有述一書之內容者。

如史部傳記類冥異之屬《周子良冥通錄》三卷下注曰：「梁隱士周子良與神仙感應事。」

（二）有述一書內容所包含之時距者。

如史部傳記類科第屬《諱行錄》一卷下注曰:「唐由進士中第者姓名,起貞元,訖中和。」

集部總集類《總戎集》十卷下注曰:「唐沈常集軍中詔令表檄,自戰國至隋。」

五、載成書時代:一書撰者之時代,即成書時代,已於前論及,**此不贅述。小注中有特別寫明何時成書者。**

如子部天文家正歷屬《萬分歷》一卷下注曰:「廣順中作。」

史部傳記類忠烈屬《武成王廟配享事迹》三十卷下注曰:「宋乾德三年修,自太公及張良以下七十三人。」

綜合以上討論,焦志於篇目一項,與劉氏父子所立之體例有異,多僅記一書之卷數;且焦氏於全集之書,均分部獨立記之(如集部別集類有王安中《初寮集》四十卷,又《後集》十卷),故無需以小注記一書之卷目。且以圖書形制之精進,目錄書亦無記載每篇篇名必要,昌彼得先生於「〈目錄學的體制〉」章內所論最為切要:

……後世的書,卷帙越來越多,編撰者大都紹述司馬遷《史記》〈自序〉、班固《漢書》敍傳的餘緒,仿效劉向敍錄的成法,在書首列有篇卷目次,以概括全書,這種目次多的自數卷以至數十卷。若果撰述敍錄一一條舉篇目,除了徒增篇幅,令讀者生厭以外,實無甚意義。(《中國目錄學》第五章)

至於敍錄之體,撰人一項,乃介紹著者之時代、仕宦、爵里及師承關係等,可謂作者生平。一書之大旨,小注亦有說明。唯獨對一書得失之論,則小注中幾未見,於劉向所立之義例有所不合,此乃因焦氏多未親見其書故也。焦氏小注雖與劉向敍錄之體有出入,然尚可謂稍具敍錄之形。

此外,本節尚有「糾繆」問題要討論。按焦竑在撰《國史經籍志》時,將第六卷列為「糾繆」,乃糾舉漢、隋、唐、宋史志、唐四庫目、宋崇文目、鄭樵《通志藝文略》、馬氏《經籍考》、晁公武《郡齋讀書志》等諸家部次之誤。此實仿鄭樵《校讎略》「編次之訛論」而作,鄭樵《校讎略》中所評的,有《七略》、《漢志》、《隋志》、《新、舊唐志》、《崇文總目》、《四庫書目》等,大抵以類例及編目二者為主要批評對象,此為我國第一部研討目錄學的專著,然其批評不一定盡對,亦有疏忽或謬誤之處,後人也時有辨難。距鄭樵〈校讎略〉四百五十年後,焦竑的《國史經籍志》出現,將《崇文總目》以下鄭樵《藝文略》、《晁氏讀書志》及馬端臨《經籍考》等三部書目,與前代史志書目並列之,探討其部次之缺失,並列出重出之書,雖不足以方駕〈校讎略〉,且其本身又有不少謬誤(此將留待下章論分類時討論之),然仍

具有其歷史意義。

　　根據以上的討論，可知《國史經籍志》之體例如下：

一、全書有六卷，卷一制書類，以下依次為經、史、子、集四部，卷六為糾繆，其中經部分十一類、史部十五類、子部十六類、集部五類並附詩文評，共分四十八類。

二、同一類中再依內容不同而分目，四部連御製書類共分三百二十四個屬目，各類書之間以目名分隔之。

三、明代御制書列首卷制書類。

四、每類下所列之書，若有明代以外帝王著作，則置各類之首，並以時代先後為次。

五、若某類無帝王著作，則以敕修或官修諸籍冠之。再無之，則以撰人時代先後為次，將一般撰作列之。

六、每一類書後有小序，述一家一派之源流及得失，四部四十八類，共有四十八篇小序。

七、制書類首有一小序。

八、所著錄之書，時代及先秦迄明。

九、每一著錄之書，首冠書名，次卷數，下小注記撰者。亦有將撰者名列於書名者，以集部為多。若有不知卷數者，則只記書名。

十、每書之下，若可考知作者、敘錄者，則以小注書之，然小注之內容並無定則，視可考知多少為限。

十一、卷六為糾繆，糾舉前代史志及書目等九種之部次錯誤處。

第二節　《國史經籍志》體例之缺失

　　前面已討論了《國史經籍志》收書及著錄之體例，現在要依據前面的討論，評論其缺失。

一、宋元明之書收錄有限

　　鄭樵《藝文略》收書之範圍，乃以通代為主，自先秦至宋均加以收錄。焦竑《國史經籍志》既以鄭氏藝文略為底本加以增刪，自亦採通代收書之例。《國史經籍志》將鄭氏著錄之書百分之九十五以上均收入其中，並另增宋迄明人之著作。然分析焦竑著錄之書，與鄭略相較，所增者實有限。以類別來分，所增補宋元明人著作，除

因官翰林院修撰得見帝敕修之書而多所收錄，特增明代御製書外，其餘增書較多者，亦僅解經、正史、編年、地里、簿錄、史評、儒、釋、道、雜、小說、類書及集部等十餘類，雖曰增加較多，亦僅數十部至百餘部而已。其餘約三十類之書，增加者均極有限，由數部至十餘部不等，甚有與鄭略著錄之書完全相同而未增一部者，如儀注類吉禮等十個屬目及五行類易軌革等十四個屬目（前即已列，此不贅錄）。然這些所增有限的屬類，除子部墨、法、名、縱橫諸家宋明人的確無什著作外，餘皆並非如此。

宋代以後，因雕版興起，書籍因而漸多；明末萬曆至崇禎年間，更為我國印刷術最盛之時期，書籍數量大量增加，則各方面之著作必都有刊雕出版。然以《國史經籍志》五行家類為例考之，共收錄各類書籍一千零六十四部，鄭樵《藝文略》五行類則著錄有一千零十四部，焦竑將藝文略所收書刪去四十二部，增加僅九十六部。然依據《宋史・藝文志》及黃虞稷《千頃堂書目》著錄，《宋志》五行類書有八百五十三部，其中宋代著錄者極豐富；《千頃目》收明代五行類書亦有二百四十種。故知宋代迄明，五行類之著作實不少，焦氏之未加收錄，實一大疏失也。

又如史部法令類之書，鄭樵《藝文略》原載刑法類書一百九十部，焦竑《國史經籍志》經過刪增後成二百二十一部。考《宋史・藝文志》有刑法類書二百二十一部，其中屬宋代者有一百七十九部；《千頃堂書目》載政刑類書則有一百六十一部。宋明二代僅有關法令一類之書即有三百餘部，焦氏縱未全見，亦不可能僅見三十部。故可推知，焦竑可能並非有意不錄，而是尚未著錄，昌彼得先生推測是因「資料尚未蒐輯到」，而現在通行的《國史經籍志》「尚只是一個尚未完成的初稿」〔註5〕。雖是一個大胆的推論，然倒不失為一個解釋《國史經籍志》中宋明書籍收錄極少的原因，但此是其收書體例上之一極大缺失。

二、所云多不實

《國史經籍志》的大序說：「以當代見存之書，統於四部」。詩類小序亦云：「今錄其見在諸編」；故事類小序曰：「惜隨代湮沒，十不存一，今據所傳者部而類之」；職官類小序：「特刪其存而可覩者為職官篇」，表奏類小序：「余恐隨世遺失，特具列之」，焦氏在小序中屢次說他所收錄的，是當時現存的書，然探其究竟，則未必如上，主要在於其小注之不完備。

由於《國史經籍志》中沒有敍錄之體，書籍作者、內容等就藉由書名篇卷條下的小注表達出來，因此小注在《國史經籍志》的體例中就佔有一相當重要之地位。

〔註5〕見所著〈焦竑《國史經籍志》的評價〉，載《屈萬里先生七秩榮慶論文集》。

焦氏因襲鄭樵《藝文略》而著錄，書目下小注亦多因襲鄭略，然焦竑爲掩飾他抄襲的痕跡，往往任意將小注簡化之，因而造成許多錯誤。

通代收書之例，優點在於可知一書之存佚，並考學術之源流，因此鄭樵在撰藝文略時，便以當時各種目錄爲依據，再加上現存的圖書爲收錄的對象，因此其範圍不受時空的限制，成爲一種通錄的形式。但是由於收錄時限長遠，書籍除有遞增之勢，亦必有亡佚之情形。尤以唐末五代數十年的干戈擾攘，使唐代以前的著作散亡甚多，至宋代所存者已極少，因此一本完備的目錄，不但應當紀有，紀無也同樣的重要。鄭樵爲了說明這一點，便撰〈編次必記亡書論〉三篇，其一說：

> 古人編書，皆記其亡闕，所以仲尼定書，逸篇具載。王儉作《七志》已，又條劉氏《七略》及二漢〈藝文志〉、魏《中經簿》所闕之書爲一志。阮孝緒作《七錄》已，亦條劉氏《七略》，及班固《漢志》、袁山松《後漢志》、魏《中經》、晉《四部》所亡之書爲一錄。隋朝又記梁之亡書，自唐以前，書籍之富者，爲亡闕之書有所系。故可以本所系而求。所以書或亡於前而備於後，不出於彼而出於此。及唐人收書，只記其有，是致後人失其名系。所以崇文、四庫之書，比於隋唐，亡甚多，古書之亡尤爲甚焉。

鄭樵以爲記載已亡書籍，則可據之以考何時此書尚存，明其傳承關係。《舊唐書》不收亡書，不能與《隋志》相比，而宋代《崇文總目》、《四庫書目》，比之《新唐志》則更不如，他又說：

> 古人編書，必究本末。上有源流，下有沿襲。故學者亦易學，求者亦易求。謂如隋人於曆一家，最爲詳明，凡作曆者幾人，或先或後，有因有革，存則俱存，亡則俱亡。唐人不能記亡書，然猶紀其當代作者之先後，必使俱在而後已。及崇文、四庫，有則書，無則否，不惟古書難求，雖今代憲章亦不備。（〈編次必記亡書論〉之三）

鄭樵既主張通代收書之例，並以記亡佚之書爲必要，因此在書目篇卷下都會注明亡佚或殘闕等。如《藝文略》經部詩類圖之屬有《毛詩圖三卷》、《毛詩孔子圖經》、《毛詩古聖賢圖二卷》三書，鄭樵注曰：

> 三詩並蕭梁人作，已亡。

然焦氏僅將此三書依其編目，收入經部詩類圖譜目中，而未加以任何注解，如此讀者非但不能知此三書爲何時、何人所作，更會誤以爲明時尚存，失去了鄭樵主張通代收書的意義，反使之成爲不實之記錄。其他如譜系類中焦氏著錄有《新集諸州譜》十二卷、《梁武帝總責境內十八州譜》七百十二卷、《益州譜》四十卷、《關東關北譜》三十三卷；天文家類著錄的《天文五行圖》十二卷等，在《隋志》中都已注明亡佚，

唐宋以降的史志亦未載,焦氏沿襲《藝文略》而著錄,未經考核,便妄稱現存,亦為記錄不實之證。〔註6〕

除了書籍存佚未加以注明之外,對於《藝文略》中原有小注載明錄自史志之處,均略去不注。如《一字石經尚書》六卷,《藝文略》原注「見《隋志》」;《尚書會解》十三卷,原注「《四庫書目》」,焦氏均略而不注。亦有將鄭氏《藝文略》中小注隨意簡省,使其流傳情形無法得知者,如鄭氏《藝文略》經部春秋類《三傳義疏春秋左氏經傳義略》二十五卷下注曰:

陳國子博士沈文阿。唐志二十七卷。

這是說明在唐時尚有二十七卷,流傳至宋則僅存二十五卷。焦氏將之收入春秋類左氏目,然小注僅有「沈文阿」三字,則由唐至宋,此書之流傳情形便無從得知。

以上所論種種,《國史經籍志》不注存佚,不注出處,又不注撰人、時代,均使人無法得知書籍內容,又無從考其學術源流,甚或造成錯誤之記錄,皆因焦氏要刻意掩飾抄襲之跡,而故意略去或簡化小注之過也。而焦氏無論書目、小注皆因襲《鄭略》,卻在大小序中無一字敍及鄭樵,正是焦氏最大的錯誤之處,無怪乎後代學者要評其「抄撮史志」了。

三、排次先後有誤

目錄書的排次,都是在同一類目中,依作者時代先後來排列,以利尋檢。鄭樵的《通志‧藝文略》排比極有條理,《國史經籍志》既係依據鄭氏《藝文略》為底本而增刪,則亦應具有條理。然事實不然,焦竑遇有增補之處,插入之書排次往往混亂。昌彼得先生就此點曾舉小學類書之屬以為證,他說:

此目係將鄭略小學類的文字、音韻、古文、法書四目合併為一目。此四類圖書,性質本來不同,合稱「書」目,本來不當。而該目排次的順序大抵沿襲鄭略四目的秩序,但所增補的《王球嘯堂集古錄》本是關金石著錄的書,應與《宣和博古圖》、《考古圖》、《金石錄》等書放在一起,而焦氏卻列在字學一屬的書中;如《廣古四聲韻》一書應與韻書放置一處,而卻排次在古文一屬的書中。(〈焦竑《國史經籍志》的評價〉)

這種錯誤,或許是焦竑為了掩飾抄襲《鄭略》的痕跡而產生,但亦不能不說是他著錄排次上的疏失。《焦志》各屬目中,又有時代排列無系統之書,如儒家類明耿定向、胡直等人的書之後,又突然再列元許熙載所著之書;縱橫家類元吳師道《校注戰國

〔註6〕昌先生在〈焦竑《國史經籍志》的評價〉一文中,並舉有詩類、故事類、職官類、農家類、曆數類、表奏類等書記錄不實之例,可參證之。

策》十卷之後，又列梁元帝撰《補闕子》十卷，像這種種排次無當的情形，在《國史經籍志》中隨處可以發現。

四、糾繆不合史志體例：《國史經籍志》第六卷爲〈糾繆〉，乃仿鄭樵《校讎略》而作，主要爲糾舉前代史志及書目分類編次之錯誤，與一般目錄書之體例有所不同。梁啓超在《圖書館學季刊》第四卷第三、四期〈圖書大辭典簿錄之部〉一文中，曾就此點而批評曰：

> 以著錄義例論，凡自標宗旨而據以條駁前人，惟私著專書爲宜，此書既題曰「國史志」，此種體裁實不適用。既以志《明史》藝文爲職志，則其責任在網羅明代著述及調查明以前書在明代存佚之狀況而忠實臚載之，竑於此點絕不注意，惟雜采歷代史志書目以爲批評之資，殊乖史體，無怪清修《明史》，於此書一無所採，而後之讀者亦多致不滿也。

鄭樵《校讎略》爲所著《通志》二十略中之略，《通志略》又爲一私著專書，因此《校讎略》之體例於《藝文略》無任何影響，與《藝文略》各自獨立，又各有重要性。焦竑《國史經籍志》既稱「國史志」，自不可有違史志著述之體，〈糾繆〉雖有其辨正疏略之價值，然與分部書目合爲一書，體便乖謬也。

綜上所論，《國史經籍志》以鄭樵《藝文略》爲藍本，雖有增刪，然於宋明之書收錄甚少，又因考核不愼，使著錄之書常有實亡而著錄之誤，且排次先後混亂；〈糾繆〉之體雖有價值，但不合史志著述之體；此四點便爲其體例上之缺失。

第三節　《國史經籍志》體例之貢獻

梁啓超先生於焦竑《國史經籍志》之體例雖有所批評，但同時對其優點亦有所推崇，他在〈圖書大辭典簿錄之部〉中說：

> 竑之學風，私淑鄭樵，此書最用心者，乃在各類目後之總論及所附糾繆一卷，意在辨正疏略，整理類別，雖學識不無偏駁，要亦自有創見。……

梁啓超承認《國史經籍志》中糾繆一卷之不合史志著述體例，但仍推許焦氏爲「辨正疏略，整理類別」之用心。且我國自西漢哀帝時劉歆編《七略》開始有了目錄書，爲目錄學建立了初步的基礎。到了一千一百多年以後，鄭樵撰《校讎略》，才有了第一本研討目錄學的專著，這期間的目錄書，所負的功用都僅止是書目的記錄；自鄭氏《校讎略》以後，要到四百五十年後焦竑的〈糾繆〉卷出現，探討前代目錄書部次的缺失，才算目錄學專書的再現。〈糾繆〉一卷中錯誤雖有不少，但也就因爲有焦竑之作〈糾繆〉，使一百八十年後的章學誠，在作《校讎通義》第二章時，得以仿之

而校《漢志》、鄭樵《校讎略》、焦竑〈糾繆〉之誤。因此可說《國史經籍志》中之〈糾繆〉，在我國研討目錄學的專書中，具有承先啟後的歷史意義。

《國史經籍志》體例的另一個貢獻就在它的小序之體。小序之體是中國目錄學的特色之一，它具有條別學術的淵源流變及得失、輔助分類部次使更完善的功能，以指導學者作學術研究。但小序之體，在史志方面，自《舊唐書》開始不撰小序以後，《新唐書》、《宋史·藝文志》均沿之而不撰。而在自錄方面，劉歆《七略》有〈輯略〉一卷，宋王儉《七志》有九篇條例（見《隋書經籍志》序），至宋《崇文總目》有序錄，《中興館閣書目》也有序例。到了陳振孫的《直齋書錄解題》，有八篇小序，但自此以後，史志書目均不見小序之體，因此萬曆間焦竑撰《國史經籍志》時，再度著錄小序，使當時目錄學者，能再度認識並肯定小序的功用。周中孚的〈鄭堂讀書記〉就此批評曰：

> 弱侯能參之《隋志》例，各於分目之後作總論目，一則以暢發其大旨，
>
> 是又《新、舊唐志》所不及為者，所謂質有其文也。此則加於人一等矣。

而自元明以後，《四庫總目》能規復小序之體制，實焦竑《國史經籍志》之功也。

第五章 《國史經籍志》之分類

　　分類亦即部次群書之法，在目錄學上通常稱爲類例，昌彼得先生在《中國目錄學》第六章〈論類例〉中，曾釋類例之名曰：

> 　　所謂的「類例」，即是現今習稱圖書的分類，古代或名「種別」，如《漢書・劉歆傳》所云：「歆乃集六藝群書，種別爲《七略》」；一名爲「部目」，例如《隋志》大序論《七錄》所說：「其分部題目，頗有次序」。「類例」一詞，始見載於《隋書》，許善心傳云：「善心放阮孝緒《七錄》，更製《七林》，各爲總序，冠於篇首。又於部錄之下，明作者之意，區分其類例焉。」《隋書》所謂的類例，有若王儉《七志》的條例，唐人所謂的小序，指條敍區類的義例，尚非指圖書的分類。而以「類例」一辭比喻圖書的分類，大概起於宋初。《冊府元龜》卷六〇八學校部目錄序云：「而學者斯勤，述者彌衆，廣搜並購，既顯於好文，強學專門，頗患於寡要。故前之達者，分其類例，使有條不紊，求者可以俯觀也。」自後「類例」成爲一個專門名詞，而相率沿用，但是並不是它原始的意義了。

可知類例之名，早期亦稱種別或部目，而種別、部目之名今已不再使用，現多用類例或分類。

　　分類因涉及學術之派別及源流，因此在學術史的研究上關係甚距，鄭樵在《通志》卷七十一〈校讎略〉「編次必謹類例論」中便談到分類的功用，他說：

> 　　學之不專者，爲書之不明也。書之不明者，爲類例之不分也。有專門之書，則有專門之學。有專門之學，則有世守之能。人守其學，學守其書，書守其類。人有存沒而不息，世有變故而書不亡。以今之書，校古之書，百無一存，其故何哉？士卒之亡者，由部伍之法不明也。書籍之亡者，由

類例之法不分也。類例分，則百家九流各有條理，雖亡而不能亡也。……
他是說書籍之亡佚，乃由於學者未明類例，倘能精通類例，即可保存圖書，這是類
例的第一種功用。因爲類例分則可以明書，明書又可以守其學，能守其學則可以傳
人，所以鄭樵又說明了類例的第二種功用，即可以辨章學術，考鏡源流。他說：

> 類例既分，學術自明，以其先後本末具在。觀圖譜者，可以知圖之所
> 始。觀名數者，可以知名數之相承。識諱之學，盛於東都。音韻之學，傳
> 於江左。傳注起於漢魏，義疏成於隋唐。觀其書，可以知其學之源流。或
> 舊無其書而有其學者，是爲新出之學，非古道也。（同上編次必謹類例論
> 之六）

由此可見，鄭樵極爲強調分類之重要性，雖因其重視分類而忽略了小序之體，造成
了體例上的缺失〔註1〕，但他却創了我國目錄學史上三級分類之首，自創十二部分
類法，在大類下分小類，小類下又細分屬目，共有一百小類，四百三十一目〔註2〕。

焦竑《國史經籍志》沿襲傳統四部，又採用鄭樵的詳分類例，撰成了四部三級
分類的國史書目錄。今先敘述《國史經籍志》之分類情形，立爲第一節。其次闡明
其分類法之承襲與對後代之影響，故以《國史經籍志》與前代書目分類比較立爲第
二節；以《國史經籍志》與後代書目之分類比較列爲第三節；再討論《國史經籍志》
分類法之得失，作第四節。此外，《國史經籍志》第六卷糾繆中，曾糾舉前代書目分
類部次之誤及重出之處，然考《國史經籍志》本身亦有一書重複著錄的情形出現，
今將檢得重出之書，依序排列，置於章末，立爲《附錄》。

第一節　《國史經籍志》的分類情形

焦竑由於生當中國目錄學極度衰微的時期，自宋末以來，經歷元明兩朝幾達三
百年之時期，一般大眾及學術界人士，均僅將目錄視爲供點檢核對之用的藏書帳簿，
因而當時編成之書目，如元《秘書監藏書簿》、明《文淵閣書目》、明中葉高儒《百
川書志》、晁瑮《寶文堂書目》等，分類均極無條理。焦竑便強調書目須重類例，認

〔註1〕鄭樵撰《通志・校讎略》編次必謹類例論之六，以爲「類例既分，學術自明，以其
　　　先後本末具在」，故只需有詳密之分類法，而不需有小序之體。但小序乃爲表現學術
　　　之淵源，可使學者欲知某類學術之時，藉小序而明學術之變邅，因此小序仍爲目錄
　　　書必備之體。鄭氏之說，實有缺失。
〔註2〕鄭樵《通志・藝文略》的分類，依其在〈校讎略〉編次必謹類例論云：「總十二類、
　　　百家、四二二種」。鄭奮鵬先生著「鄭樵的校讎目錄學」，則依藝文略所錄，計算其
　　　著錄書類，共計十二大類、一百小類、四百三十一目，較可，故從之。

爲唯有好的分類，書才不易亡佚。他在簿錄類小序中說：

> 記有之，進退有度，出入有局，各司其局。書之有類例，亦猶是也。
> 故部分不明則兵亂，類例不立則書亡。向歆剖判百家，條綱粗立。自是以
> 往，書名徒具，而流別莫分。官滕私楮，喪脫幾盡，無足怪者。嘗觀老釋
> 二氏，雖歷興廢，而篇籍具在，豈盡其人之力哉！二家類例既明，世守彌
> 篤，雖亡而不能亡也。

可見焦氏重視圖書的分類。而因爲他的經籍志雖是以鄭樵《藝文略》爲藍本，卻是
爲國史而修，不得不採用六朝以來秘閣傳統的四部法，他在自序中說：

> 劉歆《七略》，類例精已。荀勗乃更著《新錄》，析爲四部，合兵書、
> 術數、方伎於諸子，春秋之內別出史記，經、子、文賦一仍其舊。緣近世
> 史籍猥衆，若循《七略》，多寡不均，故謝靈運、任昉悉以勗例銓書，良
> 謂此也。今之所錄，亦準勗例，以當代見存之書，統於四部，而御製諸書
> 則冠其首焉。

此目大抵取法鄭樵《藝文略》，亦爲部類之下，再細分子目。但所收之書，不論存廢
與否，惟併鄭樵的十二大類、一百小類爲四部四十八類。全目六卷，首列制書類，
以御制、中宮著作、敕修書及記注時政等書附列之，不在四部之中，係本之《文淵
閣書目》。餘則分經、史、子、集四部，其中經部下分十一類、八十一目；史部分十
五類、一二一目；子部分十六類、一〇三目；集部分五類，並附詩文評，下分十九
目。共五部、五十二類、三二四個屬目。末附糾繆一卷，分篇九，其目爲：漢〈藝
文志〉、隋〈經籍志〉、唐〈藝文志〉、唐《四庫書目》、宋〈藝文志〉、《崇文總目》、
鄭樵《藝文略》、《晁氏讀書志》、馬端臨《經籍考》，駁正諸家分類之誤。

現在便將《國史經籍志》分類情形，錄其細目如下：

制書類

　御　　製

　中宮御製

　紀注時政

經　　類

　易——古易、石經、章句、傳注、集注、疏義、論說、類例、譜、考正、音、
　　數、圖、讖緯十四目

　書——石經、章句、傳注、集解、疏義、問難、圖譜、名數、音、緯候十目

　詩——石經、故訓、傳注、義疏、問辨、統說、名物、圖譜、音、緯十目

春秋——石經、左氏、公羊、穀梁、通解、詰難、論說、條例、圖譜、音、緯、外傳十二目

禮類——周禮、儀禮、喪服、二戴禮、通禮五目

樂類——樂書、歌詞、曲簿、聲調、鐘磬、管絃、舞、鼓吹、琴九目

孝經——古文、傳注、義疏、考正、廣義、音、緯七目

論語——古文、正經、傳注、疏義、辨正、名氏圖譜、音釋、續語、事紀、廟典十目

孟子

經總解

小學——爾雅、書、數、近世蒙書四目

史　類

正史——史記、漢書、後漢、三國、晉、宋、齊、梁、陳、後魏、北齊、後周、隋、唐、五代、宋、遼、金、元、通史二十目

編年——古魏史、兩漢、魏、吳、蜀、晉、宋、齊、梁、陳、後魏、北齊、隋、唐、五代、宋、運歷、紀錄十八目

霸史

雜史——古雜史、兩漢、魏、晉、南北朝、隋、唐、五代、宋、金元十目

起居注——起居注、實錄、時政記三目

故事

職官

時令

食貨——貨寶、器用、酒茗、食經、種藝、豢養六目

儀注——禮儀、吉禮、凶禮、賓禮、軍禮、嘉禮、封禪、汾陰、諸祀儀、陵廟制、東宮儀、后儀、王國州縣儀、會朝儀、耕籍儀、車服、諡法、國璽、家禮祭儀、射儀、書儀二十一目

法令——律、令、格、式、勅、總類、古制、專條、貢舉、斷獄、法守十一目

傳記——耆舊、孝友、忠烈、名賢、高隱、家傳、交游、列女、科第、名號、冥異、祥異十二目

地里——地里、都城宮苑、郡邑、圖經、方物、川瀆、名山洞府、朝聘、行役、蠻夷十目

譜系——帝系、皇族（戚里附）、總譜、韻譜、郡譜、家譜六目

簿錄——總目、家藏總目、文章目、經史目四目

子　類

儒家

道家——老子、莊子、諸子、陰符經、黃庭經、參同契、諸經、傳、記、論、雜著、仕納、胎息、內視、導引、辟穀、內丹、外丹、金石藥、服餌、房中、修養、科儀、符籙二十四目

釋家——經、律、論、義疏、語錄、偈、雜著、記傳、塔寺九目

墨家

法家

名家

縱橫家

雜家

小說家

兵家——兵書、軍律、營陣、兵陰陽、邊策五目

天文家——天文（天象、天文總占、天竺國天文、星占、日月占、風雲氣候物象占、寶氣）、歷數（正歷、歷數、七曜歷、雜星歷、刻漏）二目

五行家——易占、易軌革、筮占、龜卜、射覆、占夢、雜占、風角、鳥情、逆刺、遁甲、太一、九宮、六壬、式經、陰陽、元辰、三命、相法、相笏、相印、相字、堪餘、易圖、婚嫁、產乳、登壇、宅經、葬書二十九目

醫家——經論、明堂鍼灸、本草、經采炮灸、方書、單方、夷方、寒食散、傷寒、腳氣、雜病、瘡腫、眼疾、口齒、婦人、小兒、嶺南方十七目

藝術家——藝術、射、騎、嘯、畫錄、投壺、亦橫、博塞、樗蒲、彈橫、打馬、雙陸、打毬、彩選、葉子格、雜戲十七目

類家

集　類

制詔

表奏

賦頌

別集——楚、漢、魏、蜀、吳、晉、宋、齊、梁、後魏、北齊、後周、陳、隋、唐、宋、金、元十八目（後接明人別集，然未立子目名。）

總集

詩文評（附）

以上所列，若有屬目不分類者，將之作一子目計，則經部有八十三目，史部一二五目，子部一一二目，集部二十四目，共計三四四目，再加上制書類四目，則共五部，五十二類，三四八目。

第二節　《國史經籍志》與前代書目分類之比較

　　《國史經籍志》是我國第一部四部三級分類的國史書目錄，在當時的聲譽很高，對後代也發生了影響。焦氏雖沿用傳統四部，但採用的是鄭樵的詳分類例，因此在討論《國史經籍志》的分類以前，要先對鄭樵首創的三級分類有所瞭解。

　　鄭樵《通志‧藝文略》的分類，是在大類下有小類，小類之下再細分屬目，全略分爲十二大類，一百小類，四三一個屬目。由於我國自漢劉歆《七略》以來，圖書分類都只有部類兩級，因此鄭樵的分類就作了幾點創新：他首先打破了傳統目錄七分法與四分法的分類，擴充大綱，由經類中提出禮、樂、小學三門，各自獨立爲類；又將藝術、方伎、類書從子部析出，分爲天文、五行、藝術、醫方、類書五大類，與經、史、子、文四類並列成十二類。同時他又增加細目，將第二級類擴爲百家，再依文體、時代、地域、人名、圖譜等觀點，使第三級類目增多至四百三十一種。對於這種分類法，鄭樵他認爲：

　　　　類例不明，圖書失紀，有自來矣。臣於是總古今有無之書，爲之區
　　　　別，凡十二類。經類第一，禮類第二，樂類第三，小學類第四，史類第
　　　　五，諸子類第六，星數類第七〔註3〕，五行類第八，藝術類第九，醫方
　　　　類第十，類書類第十一，文類第十二。經一類分九家，九家有八十八種
　　　　書，以八十八種書而總爲九種書可乎？禮一種分七家，七家有五十四種
　　　　書，以五十四種書而總爲七種書可乎？樂一類爲一家，書十一種。小學
　　　　一類爲一家，書八種。史一類分十三家，十三家爲數九十種。朝代之書
　　　　則以朝代分。非朝代之書，則以類聚分。諸子一類分十一家，其八家書
　　　　爲八種。道釋兵三家書差多，爲四十種。星數一類分三家，三家爲書十
　　　　五種。五行一類分三十家，三十家爲書三十三種。藝術一類爲一家，書
　　　　十七種。醫方一類爲一家，書二十六種。類書一類爲一家，分上下二種。
　　　　文類一類分二家二十二種。別集一家爲十九種，餘二十一家二十一種書
　　　　而已。總十二類，百家，四百二十二種，朱紫分矣。散四百二十二種書

〔註3〕星數類《藝文略》作天文類。

〔註 4〕，可以窮百家之學，斂百家之學，可以明十二類之所歸。（〈校讎略〉編次必謹類例論六篇之二）

這段話說明了他分十二類及百家之原因。至於細目擴充的理由，他又作了解釋：

易本一類也，以數不可合於圖，圖不可合於音，讖緯不可合於傳注，故分為十六種。詩本一類也，以圖不可合於音，音不可合於譜，名物不可合於訓詁，故分十二種。禮雖一類，而有七種，以《儀禮》雜於《周官》可乎？春秋雖一類而有五家，以啖趙合乎公穀可乎？樂雖主於音聲，而歌曲與管弦異事，小學雖主於文學，而宋末與韻書背馳。編年一家，而有先後。文集一家，而有合離。日月星辰，豈可與風雲氣候同為天文之學？三命元辰，豈可與九宮太一同為五行之書？（同上編次必謹類例論六之三）

由此可見鄭樵分類是以細密為原則，而這種體系的擴充是為補救「學術之苟且，由源流之不分；書籍之散亡，由編次之失紀」〔註 5〕的弊病，所以他說：

類書猶持軍也，若有條理，雖多而治；若無條理，雖寡而紛；類例不患其多，患處多之無術耳。（同上之四）

焦竑《國史經籍志》既以鄭樵《藝文略》為藍本，便承襲了《藝文略》的三級分類法，又因《經籍志》乃為國史而修，因而採用六朝以來秘閣傳統四部法，刪併為五部，五十二類，三二四目。以下就依制書類、經、史、子、集及《國史經籍志》類目排列次序，分別討論與前代目錄分類之淵源及關係。

一、制書類

將與當代帝王之書及御詩文集等，不論經史子集，都歸併為一類的，首創於《文淵閣書目》之「國朝類」，許世瑛先生在《中國目錄學史》第十一章中曾論曰：

首曰國朝，特錄明帝御製、勅撰、政書、實錄項。此例一開，幾成明代諸家目錄之共同特色……。

焦竑之《國史經籍志》，即沿其例，設「制書類」，以收錄御製、中宮御製、勅修、紀注時政諸書，《文淵閣書目》所收之政書、實錄等書，焦氏則將之歸入史類起居注中。《國史經籍志》的制書類與《文淵閣書目》的國朝類，所收書籍內容均涵蓋經史子集四部，故均將該類置於全書之首。

〔註 4〕 十二類、百家，其數合，然種數依鄭氏《藝文略》中鄭樵自己的統計，總數當為四百三十二種，則二十二當為三十二之誤。

〔註 5〕 見鄭樵〈通志總序〉。

二、經　類

隋　　志	崇文總目	鄭　　略	國史經籍志
易（1）	易（1）	易（1）	易
書（2）	書（2）	書（2）	書
詩（3）	詩（3）	詩（3）	詩
春秋（6）	春秋（6）	春秋（6）	春秋
		春秋外傳國語（5）	
禮（4）	禮（4）	禮類第二	禮類
樂（5）	樂（5）	樂類第三	樂類
孝經（7）	孝經（7）	孝經（6）	孝經
論語（8）	論語（8）	論語（7）	論語
讖緯（9）			
			孟子
		經解（9）	經總解
		爾雅（8）	
小學（10）	小學上下（9）	小學類第四	小學

　　本表次序，乃以《國史經籍志》爲主，所以《國史經籍志》內各家，不再標列次序。其餘《隋志》、《崇文總目》、鄭略則標子目次序，以見其與《國史經籍志》排列之不同。

　　禮、樂、小學，在鄭略以前都列在經部而未嘗獨立。《隋志》將後世禮書亦併入三禮類中，並另立樂類收樂譜律呂之書。鄭樵雖將禮部、樂部獨立，但禮類中仍將三禮之書及後世禮書共列，並未將二者分開；樂類則因樂經早佚，遂將後代律呂、管絃一類的書合稱樂類，與經部分開。焦竑則又將禮、樂二類改併入經部。

　　焦竑禮類分爲五目，將鄭略禮類周官六目合併爲周禮一目，儀禮四目合爲一目，喪服九目合爲一目，禮記九目合爲二戴禮一目，會禮三目合爲通禮一目，共五目。其餘鄭氏禮類月令的四目，併爲一目，改稱時令類；儀注的十八目，則另增凶禮、謚法、射儀三目，衍爲二十一目，皆改入史部。樂類焦氏則將十一目併爲九目。

　　小學類，焦氏分爲爾雅、音、數、近世蒙書四目，乃將鄭略經類中爾雅、天文類的算術併入小學爲爾雅、數兩目，將鄭略小學類中八目，刪去音釋、蕃書、神書

三類之書不錄，將餘下的小學、文字、音韻、古文、法書五目合併爲「書」一目，再新增「近世蒙書」一目，著錄宋明啓蒙一類的著作，而鄭略所未載的。

論語類《隋志》已有，《國史經籍志》沿《隋志》之舊。《孟子》一書則因在宋代以前，地位並未與《論語》齊，故《隋志》、《新、舊唐志》、《崇文總目》與晁公武《郡齋讀書志》均置《孟子》書於子部儒家類；至《遂初堂書目》，將《孟子》之書附置論語類內，其地位始提昇至經部。鄭略將《孟子》書置諸子類儒術目中；元初馬端臨《文獻通考・經籍考》內，始將《孟子》書獨立爲一類，與論語平行，焦志因之。

焦氏經總解類，除收鄭略經類經解之書，並將綜論四書者一併收入，此同宋志，將以四書爲名之書，附置於經解類內，而不獨立爲四書類。

《國史經籍志》類目主要係參考《隋志》，去《隋志》經部的緯書類，將其書分隸各經之後，易、書、詩、春秋、孝經類等皆有，唯名稱不同，或稱「讖緯」、「緯候」，或單稱「緯」。至於細目則參考鄭略而加以增刪，如易類，鄭略分爲十六目，焦氏將傳、注合爲一目，並刪去擬易一目，而將書部次於子部儒家類，成十四目。書類亦將鄭略十六目中義訓、逸篇、小學、逸書、續書等目去之，再將傳、注合爲一目，成十目，目名亦偶有更改。春秋類則將原先綜收左公穀三氏之五家傳注、三家義疏、傳論、序等目，整理更改爲左氏、公羊、穀梁、通解、詰難、論說等目，共成十二目。

三、史　類

隋　　志 史　部	崇文總目 史　部	鄭　　略 史類第五	國史經籍志 史　類
正史（1）	正史（1）	正史（1）	正史
古史（2）	編年（2）	編年（2）	編年
霸史（4）	僞史（5）	霸史（3）	霸史
雜史（3）	雜史上下（4）	雜史（4）	雜史
起居注（5）	實錄（3）	起居注（5）	起居注
舊事（6）		故事（6）	故事
職官（7）	職官（6）	職官（7）	職官
	歲時（11）		時令
		食貨（12）	食貨

儀注（8）	儀注（7）		儀注
刑法（9）	刑法（8）	刑法（8）	法令
雜傳（鬼神附）（10）	傳記上下（12）	傳記（9）	傳記
地理（11）	地理（9）	地理（10）	地里
譜系（12）	氏族（10）	譜系（11）	譜系
簿錄（13）	目錄（13）	目錄（13）	簿錄

　　史部方面，正史之名，起於《隋志》，焦氏從之，較鄭略所收錄新增五代、宋、遼、金、元等朝書，與《通志藝文略》同有通史之目。古史也見於《隋志》，新唐志改稱編年，焦氏亦從之。《七錄》有僞史，《隋志》改爲霸史，並敍曰：

　　　　傳曰：不有君子，其能國乎？自晉永嘉之亂，皇綱失馭，九州君長，
　　據有中原者甚衆，或推奉正朔，或假名竊號。然其君臣忠義之節，經國字
　　民之務，蓋亦勤矣。……今舉其見在，謂之霸史。

將霸史名義解釋極爲明晰，鄭略及焦竑皆從而名之。

　　雜史類所收內容，《國史經籍志》雜史類小序云：

　　　　前志有雜史，蓋出紀傳、編年之外，而野史者流也……。

說明其乃將非紀傳體之書立爲雜史類，而將紀傳體諸書入於正史類中，以體裁爲歸類之依據。

　　起居注一類《隋志》有之，《崇文總目》更名實錄，不錄起居注之書；鄭略復名起居注，分起居注、實錄、會要三目，焦氏則將會要改併入故事類中。故事之名，《七錄》稱舊事，《隋志》從之，兩唐志又改稱故事，鄭氏、焦氏從之。

　　其次論時令類。此爲較鄭略新增之類，焦氏在時令類小序曰：

　　　　今特立歲時一條，從中興館閣例云。

實此目乃首創於《崇文總目》，自《崇文總目》開始方列入史部。《直齋書錄解題》時令類敍云：

　　　　　前史時令之書，皆入子部農家類。今案諸書，上自國家典禮，下至里
　　　間風俗，悉載之，不專農事也。故《中興館閣書目》別爲一類，列之史部，
　　　是矣。今從之。

《中興館閣書目》成於宋孝宗朝，較《崇文總目》晚一百三十餘年，可見其史部之有時令，乃採自《崇文總目》，焦氏小序不察，誤云從中興館閣例。《國史經籍志》中所錄此類的書，實即將鄭略禮部月令類古月令、續月令、時令、歲時四目之書併爲一類，改名時令，新增之書僅八部而已。

次論食貨類。食貨一類的書，以往書目多將其歸入農家，以致農家之書極爲蕪雜。《四庫提要》子部農家類小序說：

> 農家條目，至爲蕪雜。諸家著錄，大抵輾轉旁牽。因耕而及相牛經，因相牛經及相馬經、相鶴經、鷹經、蟹錄，至於相貝經，而香譜、錢譜，相隨入矣。……

子部譜錄類小序也說：

> 《隋志》譜系，本陳族姓，而末載竹譜、錢圖。唐志農家，本言種植，而雜列錢譜、相鶴經、相馬經、鷙擊錄、相貝經。《文獻通考》亦以香譜入農家，是皆明知其不安，而限於無類可歸，又復窮而不變，故支離顚舛，遂至於斯。

《隋志》將錢譜、竹譜列於史部譜系類，而將藝術、器物諸書置於子部小說類。《新、舊唐書》則將錢譜、竹譜及種植法移置子部農家類內，並於子部另立「雜藝術類」收錄博戲、書畫、弓箭等書。至《遂初堂書目》，始於雜藝術類外別立「譜錄類」，以收錢譜器物等書。《四庫全書》目錄類《遂初堂書目》條云：

> ……子部別立譜錄一門，以收香譜、石譜、蟹錄之無類可附者，爲例最善。…鄭樵《藝文略》承《遂初堂書目》收錄方法，將書畫、博棊與錢譜刀劍分立，前者入藝術類，後者則改稱食貨類，並依類分目標之，如錢譜、鹽法等入貨寶，印石等列器用，相馬經、相牛經等入豢養，菊譜、種植草木等入種藝，另加茶、酒二目。焦竑沿用鄭氏體例，併茶、酒二目爲酒茗一目，另加食經一目，仍爲食貨類六目，隸史部：鄭略藝術類則改隸子部藝術家類，將前志混淆處一一釐清。

儀注類，《隋志》、《崇文總目》等均列史部，記載吉凶行事。鄭樵將禮類自經部獨立出來，其中有儀注一目；焦氏則將禮經仍歸經部，儀注則仍隸史部。

法令一類，《七略》有法制，《隋志》改名刑法，收律令諸書。鄭略亦名刑法，下有十一目，焦氏則改稱法令，十一目全依鄭略，書目亦無甚增減。

傳記類則各代史志均有之，唯名稱不一。《七錄》有雜傳、鬼神二類，《隋志》併爲雜傳，《新唐志》更名雜傳記，《崇文總目》始改名傳記，鄭略及《國史經籍志》均從之。

其餘〈地理類〉、〈譜系類〉、〈簿錄類〉，前代或有別稱，唯因內容無多大歧異，故略而不論。

綜論史部，焦竑分類大體遠紹《隋志》，更改不多，新增者則爲時令、食貨二類，更迭之情形則詳述於前。

四、子 類

隋 志	崇文總目	鄭 略	國史經籍志
子 部 道經部（附） 佛經部（附）	子 部	諸子類第六	子 類
儒（1）	儒家（1）	儒術（1）	儒家
道（2）	道（2）	道家（2）	道家
（道經部）	道書（19）一、二、三、四、五、		
（佛經部）	釋書（20）上中下		
		釋家（3）	釋家
墨（5）	墨家（5）	墨家（6）	墨家
法（3）	法家（3）	法家（4）	法家
名（4）	名家（4）	名家（5）	名家
縱橫（6）	縱橫家（6）	縱橫家（7）	縱橫家
雜（7）	雜家（7）	雜家（8）	雜家
農（8）	農家（8）	農家（9）	農家
小說（9）	小說（9）上下	小說家（10）	小說家
兵（10）	兵家（10）	兵家（11）	兵家
天文（11）	天文占書（16）	天文類第七	天文家
曆數（12）	曆數（17）		
	算術（12）		
五行（13）	五行（18）	五行類第八	五行家
	卜筮（15）		
醫方（14）	醫書（14）	醫方類第	醫家
	藝術（13）	藝術類第九	藝術家
	類書（11）上下	類書類第十一	類家

　　《隋志》將圖書區分為四部四十類，後並《附錄》佛道兩部十五類。這種將方外之經列作《附錄》，乃仿自荀勗《中經新簿》及王儉《七志》的方法。《崇文總目》亦有道書、釋書二部，鄭樵將之歸併入道家、釋家內，並擴其目為道家二十五目、釋家十目。焦志沿之，唯併道家為二十三目、併釋家為九目。

　　《隋志》子部內墨家、法家、名家、縱橫家、雜家均各自獨立為一類，其後《新、舊唐志》、《崇文總目》、《晁志》、《陳錄》、《文獻通考》、《通志·藝文略》、《宋史·

藝文志》、《國史經籍志》等，均沿其例，未加更易。農家之更迭，前文已述及，此不贅述。

　　《國史經籍志》有天文家類，下分天文及曆數二目。此兩類《隋志》子部亦有，唯《隋志》曆數內含算術之書，與《國史經籍志》將算術類書歸入經部小學類數目中，曆數類內只有曆法之書不同。《崇文總目》將天文類改稱爲天文占書類，將算術之書獨立爲算術類，曆法之書獨立爲曆數類。鄭樵將天文、曆數、算術三目，併爲天文類，不再歸屬子部。焦竑《國史經籍志》則變前代史志書目之例，在子部內立天文家類，下分天文、曆數兩目，統領天文及曆法之書；算術之書，則移置經部小學類「數」目中，焦氏並在小學類小序中說明將之備列小學之因：

> 　　古者八歲入小學，習六甲四方與書數之衆，成童而授之經。……保氏
> 以數學教子虛而登之，重差、夕桀、句股與九章並傳，而鄉三物備焉，於
> 是有算術之學。蓋古昔六藝，乘其虛明，肆之以適用，而精神心術之微寓
> 焉矣。古學久廢，世儒采拾經籍格言，作爲小學以補亡。夫昔人所嘆，謂
> 數可陳而義難知。今之所患，在義可知而數難陳。孰知不得其數，則影響
> 空疏，而所謂義者可知己。顧世所顯行，不能略也。今悉次於篇，以備小
> 學。

　　其次論五行類。《隋志》即有五行類，凡堪輿、卜筮、星命、陰陽五行類皆屬之。新、舊唐書及晁志均沿《隋志》之舊。《崇文總目》又將卜筮之書自五行類中析出，獨立爲卜筮類。鄭樵沿《隋志》舊例，立五行類，統括一切陰陽、遯甲、卜筮、堪輿、星命之書，立三十目。焦竑《國史經籍志》亦沿比例，唯去行年一目而爲二十九目，並將五行類歸入子部。

　　醫家一類，《漢志》方技略有醫經、經方，《隋志》於子部內立醫方一類，《崇文總目》改稱醫書。鄭樵將之獨立成醫方類，列藝術類之後，並擴大範圍，詳分類目爲二十六目；《國史經籍志》復《隋志》之舊，仍將之歸入子部，稱醫家類，並歸併爲十七目。

　　《隋志》無類書類，舊唐志丙部子錄第十五家爲類事類，著錄類書二十二部，可說類書獨立成類之始。新唐志將類事改名爲類書，則爲類書名稱確立之始。《崇文總目》子部亦有類書類。鄭樵《藝文略》將類書獨立而不附於子部，並將可分之書分入各類之中，不可分者方總列於此，他在校讎略編次之訛論第十一中說：

> 　　……類書者，謂總衆類不可分也。若可分之書，當入別類。……

因此他將歲時廣記入禮類歲時目書中，而不立類書類。《國史經籍志》則又將類書併入子部，立類家類統領之。

綜言《國史經籍志》子類，較《隋志》新增者即藝術、類書兩類，藝術於前史部食貨類已論及，鄭樵將博弈、書畫等入藝術類，並獨立出史部而自成藝術一類，有十六目；焦竑又增「嘯」目成十七目，並將藝術類復歸子部。

五、集　類

隋　志 集　部	崇文總目 集　部	鄭　略 文類第十二	國史經籍志 集　類
			制　詔
			表　奏
楚辭（1）			賦　頌
別集（2）	別集（2）一、二、三、四、五、六、七		別　集
總集（3）	總集（1）上下		總　集
	文史（3）		詩文評

集部方面，《國史經籍志》列六類，其中有制詔、表奏、賦頌、詩文評等類與前代書目分類不同，此處先論制詔類。

詔令之書，《隋志》收錄於集部總集類，舊唐志依《隋志》例，將詔令之書併入集部總集類，新唐志則改併入史部起居注類內。至陳錄始於史部立一「詔令類」。鄭樵則於文類中立制誥類；《國史經籍志》承襲陳錄，將詔令之書獨立為「制詔類」，並復歸入集部。

至於表奏一類，鄭樵《藝文略》文類中已有表章、奏議二目，《國史經籍志》沿此系統，將二者併為一目，稱表奏類。

賦頌一類，《國史經籍志》收錄有關楚辭及賦體之著作。《隋志》已有楚辭類，專收與楚辭有關之作品，後代史志均沿之，賦類作品則歸入別集或總集類。鄭樵《藝文略》文類中有楚辭、賦、贊頌等目，《國史經籍志》則將之合併為賦頌類。

別集、總集二類，《隋志》有之，後代史志亦多仍之，鄭氏藝文略於「歷代別集」之末，又將詩集獨立成「別集詩」一目，總集後亦有「詩總集」，《國史經籍志》則將之合併為別集、總集二類。

《國史經籍志》集類最後有一詩文評附，乃承自鄭氏藝文略集類詩評目，收錄評詩之著作，內容無甚增減。

綜合前面所論，可知《國史經籍志》之分類，多承襲自《隋書經籍志》及鄭樵《通志·藝文略》。其部類目主要係參考《隋志》，經部去緯書類，將書分隸各經之

後，並另增孟子、經總解兩類；史部增時令、食貨兩類；子部增藝術、類書兩類；集部增制詔、表奏、詩文評三類，將《隋志》的四十類擴充爲四十八類，所增之類目則多參鄭氏藝文略。四部之首又依《文淵閣書目》「國朝類」之例而立一「制書類」。既無礙於爲國史修志之傳統四部法，又採用鄭樵的詳分類例，使這部四部三級分類的《國史經籍志》，對後代產生了很大的影響。

第三節　《國史經籍志》與後代書目分類之比較

由於焦竑既秉承了傳統的四部分法，又能在分類上詳加細分，因此這一部四部三級分類的書目，對後代目錄分類有極大影響。昌彼得先生說：

> 萬曆四十八年山陰祁承㸁編《澹生堂藏書目錄》，清初黃虞稷編《千頃堂書目》，以至乾隆間所修的《四庫總目》，都承用了他的四部三級分類，皆青出於藍，後來居上。（〈焦竑《國史經籍志》的評價〉）

可知受國史受籍志分類影響的，以此三部目錄爲最重要。以下便先分別列出其分類情形，再加以綜合討論。

一、澹生堂藏書目錄

明祁承㸁撰。祁氏喜歡藏書，他的藏書樓名曰澹生堂，藏書十餘萬卷。撰藏書目十四卷，不標經史子集部名，若名類獨立，但實際上仍以四部爲綱領，唯類目與前人頗多不同。茲錄其類目於下：

　　易類——古易、章句注傳、疏義集解、詳說、拈解、考正、圖說、卜筮、易緯、
　　　　　擬易十目
　　書類——章句注疏、傳說、圖譜、考訂、外傳五目
　　詩類——章句注疏、傳解、考正圖說、音義注釋、外傳五目
　　春秋——經總傳、左氏、公羊、穀梁、通解、考證、圖譜、外傳八目
　　禮類——周禮、儀禮、二戴禮、通解、圖考、禮緯、中庸、大學八目
　　孝經——注疏、叢書、外傳三目
　　論語——章句注疏、解說、別編、圖志、外傳五目
　　孟子——章句注疏、雜解、外傳三目
　　總經解——傳說、考定、音釋、經筵四目
　　理學類——性理、詮集、遺書、語錄、論著、圖說六目
　　小學類——爾雅、蒙書、家訓、纂訓、韻書、字學六目

國朝史類——御制、勅纂、彙錄、編述、分紀、武功、人物、典故、時務、雜
記、風土、行役等十二目

正史類

編年史類——通鑑、綱目、紀、記事四目

通史類——會編、纂略二目

約史類

史鈔類——詳節、摘略二目

史評類——考正、論斷、讀史三目

霸史類——列國、偏霸二目

雜史類——野史、稗史、雜錄三目

記傳類——別錄、垂範、高賢、彙傳、別傳、忠義、事跡、行役、風土九目

典故類——故實、職掌二目

禮樂類——國禮、家禮、樂律、祀典四目

政實類——時令、食貨、刑法、官守、事宜五目

圖志類——統志、通志、郡志、州志、邑志、關鎮、山川、攬勝、園林、祠宇、
梵院十一目

譜錄類——統譜、族譜、年譜、世家、試錄、姓名、書目七目

儒家類

諸子類——墨、法、名、縱橫、雜五目

小說家類——說彙、說叢、佳話、雜筆、閒適、清玩、記異、戲劇八目

農家類——民務、時序、雜事、樹異、牧養五目

道家類——老子、莊子、諸子、諸經、彙書、金丹、詮述、修攝、養生、記傳、
餘集十一目

釋家類——大乘經、小乘經、宋元續入經、東土著述、律儀、經典疏注、大小
乘論、宗旨、語錄、止觀、警策、詮述、提唱、淨土、因果、記傳、
禪餘、文集十八目

兵家類——將略、兵政二目

天文家類——占候、曆法二目

五行家類——占卜、陰陽、星命、堪輿四目

醫家類——經論、脈法、治法、方書、本草、傷寒、婦人、小兒、外科九目

藝術家類——書、畫、琴、棋、射（附投壺）、數、雜技七目

類家類——會輯、纂略、叢筆三目

叢書類──國朝史、經史子雜、子彙、說彙、雜集、彙輯七目

詔制類──王言、代言二目

章疏類──奏議、書牘、啓箋、四六四目

辭賦類──騷、擬騷、賦三目

總集類──詩文總集、文編、詩編、郡邑文獻、家乘文獻、遺文考識、制科藝
　　　　　七目

餘集類──逸文（附摘錄）、豔詩（附詞曲）、逸詩（附集句、摘句）三目

別集類──帝王集、漢魏六朝詩文集、唐詩文集、宋詩文集、元詩文集、國朝
　　　　　御製集、國朝閣臣集、國朝分省諸公文集八目

詩文評類──文式、文評、詩法、詩評、詩話五目

　　祁氏將其藏書分為四部四十六類，雖不標經、史、子、集部名，然他在《庚申整書略例》中自承為「因四部之定例也」，且《澹生堂藏書總錄》於「易類」下注「經部一」，書類下注「經部二」……「國朝史類」下注「史部一」，「正史類」下注「史部二」…「儒家類」下注「子部一」，「諸子類」下注「子部二」……「詔制類」下注「集部一」，「章疏類」下注「集部二」……，可見其分類仍以四部為依歸。四十六類中，經部十一類，史部十五類，子部十三類，集部七類，類下又分目，共二百四十三目，頗為詳盡。子目係參考《通志‧藝文略》及《國史經籍志》而來，然有所刪併，亦有所創新。

二、《千頃堂書目》

　　明黃虞稷撰。與其父均喜藏書，達八萬卷；康熙中虞稷被推薦修《明史》，乃專收有明一代著作，編為《千頃堂書目》三十二卷，以為修《明史》底稿。除著錄明代著作外，並錄《宋史‧藝文志》未載的宋末人及元人著作。全書共分四部五十一類，其類目如下：

經部──易、書、詩、三禮、禮樂、春秋、孝經、論語、孟子、經解、四書、
　　　　小學十二類

史部──國史、正史、通史、編年、別史、霸史、史學、史鈔、地理、職官、
　　　　典故、時令、食貨、儀注、政刑、傳記、譜系、簿錄十八類

子部──儒家、雜家、農家、小說、兵家、天文、曆數、五行、醫家、藝術家、
　　　　類書、釋家、道家十三類

集部──別集、制誥、表奏、騷賦、總集、文史、制舉、詞典八類

其分類大抵據祁承㸁《澹生堂書目》分併改隸而成，其類下雖未標舉屬目，然編次

明晰，隱然可見分類之跡。如傳記類首載總錄，次事狀年譜，次前人傳記，次方域，次旌孝，次表忠，次隱逸，次列女，次藩王，分類相當細密。其中最大的特色，就是別集一類，排列以朝代科分爲先後，無科分的人之著作，則就其時代酌附各朝之末，將前代目錄書中因同類書同時代之著作較多，造成先後順序紊亂的自病，加以補救。此項改革，《四庫全書》以後的書目均沿用之。

三、《四庫全書總目》

清紀昀等奉勅撰。乾隆三十七年高宗詔求遺書，令各省訪求採進。四方之書既集，乃開四庫全書館於翰林院，命紀昀爲總纂官，并內府藏書校正繕寫，賜名《四庫全書》。自乾隆三十八年起，迄四十七年（西元 1782 年）告竣，共抄寫七部，分儲七閣〔註 6〕，而於俚俗僞謬無可採者，則只存書名，注出節略，謂之存目。每一書皆有敍錄，介紹著者生平、其書內容及優劣得失，稱爲〈提要〉。將《四庫》中各書的提要及存目的節略，合爲《四庫全書總目》，省稱《四庫總目》，或《四庫提要》，共二百卷。總目共著錄三千四百五十七部，七萬九千零七十卷；但存其目者，則六千七百六十六部，九萬三千五百五十六卷；合計當時藏書有一萬零二百二十三部，十七萬二千六百二十六卷。此目依四部分類，類下或再細分子目，計六十六目，分類如下：

> 經部——易、書、禮（分周禮、儀禮、禮記、三禮通義、通禮、雜禮書六目）、
> 　　　　春秋、孝經、五經總義、四書、樂、小學（分訓詁、字書、韻書三目）
> 　　　　十類
> 史部——正史、編年、紀事本末、別史、詔令奏議（分詔令、奏議二目）、傳記
> 　　　　（分聖賢、名人、總錄、雜錄、別錄五目）、史鈔、載記、時令、地理
> 　　　　（分總志、都會郡縣、河渠、邊防、山川、古跡、雜記、遊記、外紀
> 　　　　九目）、職官（分官制、官箴二目）、政書（分通制、典禮、邦記、軍
> 　　　　政、法令、考工六目）、目錄（分經籍、金石二目）、史評十五類
> 子部——儒家、兵家、法家、農家、醫家、天文算法（分推步、算書二目）、術

〔註 6〕據昌彼得先生《中國目錄學》源流篇第七章「四部法由盛趨衰時期的目錄——清代」中所述四庫全書藏存情形曰：「四庫全書七部，分儲七閣，第一部藏北京宮廷內文革殿後之文淵閣，現藏國立故宮博物院。第二部藏遼寧瀋陽奉天行宮之文溯閣，現藏瀋陽圖書館。第三部藏北京圓明園之文源閣，毀於英法聯軍。第四部藏熱河承德避暑山莊之文津閣，現書移存北平圖書館。以上稱爲北四閣，僅供乾隆皇帝御覽之用。第五部藏江蘇鎮江金山寺之文宗閣，毀於洪揚之亂。第六部藏江蘇揚州大觀堂之文滙閣，亦毀於洪揚之亂。第七部藏浙江杭州西湖孤山之文瀾閣，現藏浙江圖書館。以上稱爲南三閣，可以公開閱覽。」

數（分數學、占候、相宅相墓、占卜、命書相書、陰陽五行六目）、藝
術（分書畫、琴譜、篆刻、雜技四目）、譜錄（分器物、食譜、草木鳥
獸蟲魚三目）、雜家（分雜學、雜考、雜說、雜品、雜纂、雜編六目）、
類書、小說家（分類事、異聞、瑣語三目）、釋家、道家十四類
集部——楚辭、別集、總集、詩文評、詞曲（分詞集、詞選、詞話、詞譜詞韻、
南北苗五目）五類

此目以經、史、子、集提綱列目，經部分十類，史部分十五類，子部分十四類，集
部分五類。有流別繁碎者，則各析子目，使條理分明。以爲《國史經籍志》的分類
繁細，故酌乎其中，將流派繁夥的經部之小學類，史部之傳記、地理、政書三類，
子部之術數、藝術、譜錄、雜家四類，集部之詞曲類，細分子目；小學分三子目，
地理九子目，傳記五子目，政書六子目，術數七子目，藝術、譜錄各四子目，雜家
五子目，詞曲四子目，使條理有秩。另外經部之禮類，史部之詔令、奏議、目錄類，
子部之天文算法、小說家類，亦約分子目，以便檢尋，餘則以瑣繁而刪併之。至於
其部類與前述書目之不同，則於下述之。

　　經部方面，自《隋志》以來，均將後世禮書併入禮類中，並另立樂類專收樂譜
律呂之書；鄭樵《通志·藝文略》將禮書及樂書於經部中別出，但禮類仍並收三禮
諸書及後世禮書。《國史經籍志》則將禮類、樂類復歸入經部。至祁承爣的《澹生堂
藏書目》（以下簡稱祁目）開始，立一禮樂類，將禮書與樂書併爲一類，唯將之改置
於史部諸類間，則與前代書仍將禮樂視屬經部者大大不同。《千頃堂書目》承襲祁目，
亦置禮樂類，然將之改歸入經部，並將祁目之禮類改稱爲三禮類，收錄《周禮》、《儀
禮》、《禮記》之書。《四庫總目》則又將三禮之書及後世論禮之書併爲禮類，下分周
禮、儀禮、禮記、三禮通義、通禮、雜禮書六目，樂類獨立，此則又同於《國史經
籍志》之歸類也。

　　其次是論語、孟子及四書類。《國史經籍志》及祁目均將四書置於經總解類內，
祁目禮類八目內並有大學、中庸二目；《千頃堂書目》則又設置四書類，單收綜論四
書者，論語、孟子二類則仍維持獨立，大學、中庸之書目則又設置四書類，單收綜
論四書者，論語、孟子二類則仍維獨立，大學、中庸之書則入三禮類中；《四庫總目》
又將論語、孟子二類併入四書類，並在目錄類《千頃堂書目》條下論之曰：

　　　　……既以四書爲一類，又爲論語、孟子各爲一類；又以說大學、中庸
　　者入於三禮類中。蓋鄧略存古例，用意頗深。然明人所說大學、中庸，皆
　　爲四書而解，非爲禮記而解。即論語、孟子，亦因書而說，非若古人之別
　　爲一經，專門授受，其分合殊爲不當。……

於是將論語、孟子、大學、中庸及合解四書之著作，置於同一類中，稱四書類。

《國史經籍志》有經總解一類，祁目及千頃目、《四庫總目》均沿襲之，然更易其名，祁目改稱總經解，千頃目則從唐志名曰經解，《四庫總目》則又改從《隋志》，名曰五經總義。其他易、詩、書、春秋、孝經、小學等類則均無甚更易，故略而不論。唯祁目將《國史經籍志》改鄭樵《藝文略》經部易類擬易入子部儒之書，復於易類子目中。祁目又較《國史經籍志》新增理學類，此實仿自文淵閣書目之性理類，祁氏僅更名為理學類而已。

史部方面，祁目有國朝史類，千頃目則有國史類，與《國史經籍志》四部之前先立制書類之意義相同，均為承續《文淵閣書目》以來立國朝類之傳統。祁目沿《遂初堂書目》例，將明代與帝王有關或與正史有關之書，分御製、勅纂、彙錄、編述、分紀、武功、人物、典故、時務、雜記〔註7〕、風土、行役十二目，立為「國朝史類」；帝製及敕撰之其他書籍則分列於各部各類之首，與《國史經籍志》之將御製、中宮御製、敕修書、紀注時政等四部之書混雜成一制書類不同，體例較為清晰。然祁目國朝史類中武功、人物、行役、風土等目與記傳類之分類易相混淆，甚有行役、風土二目目名完全相同者；又如典故目與典故類，雜記目與雜史類，在書籍之歸類時均易生混亂。千頃目承祁目置國史類，但在細目上刪併，僅收與帝王有關之實錄、寶訓、起居注、年表等書，餘則散入史部各類中，其分類則較祁目為善。至《四庫總目》時，因《四庫全書》為奉敕所撰之書，又以朝代更迭，遂不復立國史類，其書均散入四部各類之中。

通史一類，《國史經籍志》正史類下分二十種，第二十種即通史。至祁目始將通史獨立為一類，下分會編、纂略二目；千頃目亦有通史類，雖未分目，然所錄亦會編、纂略二類之書，可知千頃目通史類乃襲祁目而來；然《明史·藝文志》時已去此類，《四庫總目》亦無通史類。

《國史經籍志》有雜史類，所收之書為非紀傳體諸籍，紀傳體諸書則入正史類；祁目亦有雜史類，所錄同於《國史經籍志》。千頃目則從陳錄之分類，立別史類，收錄私人以紀傳體撰述之史書，黃虞稷於千頃目別史類下即自注曰：

　　非編年、非紀傳，雜記歷代，成一代之事實者曰別史。

《四庫總目》亦有別史類，則與千頃目別史類收書範圍全同，將上不至於正史，下不至於雜史者收錄之，並有雜史類收錄非紀傳體諸籍。

祁目較《國史經籍志》新增史評及史鈔類，《國史經籍志》則將其書併入正史類

_____

〔註7〕　其中雜記下又再分稗史、巷談二子目，故可稱祁目國朝史類下共有十三目。

中。史評類首見於晁志，尤袤《遂初堂書目》則更名爲史學類，《文獻通考》經籍考
又將內容擴大爲「史評史鈔」類，將抄撮史志之書併收之。至嘉靖間高儒撰《百川
書志》，在史部立史鈔類及史評類，首度將二類分立，祁目即沿其分類法，立史評類
及史鈔類。千頃目有史學類及史鈔類，則爲沿襲《遂初堂書目》史學類之例，將史
評類仍名史學類；並沿祁目立史鈔類，使二類書獨立歸類而不相混。至《四庫總目》
仍立二類，然不依千頃目之名而同祁目之名，爲史評、史鈔類。

　　至於編年、故事、職官、時令、食貨、法令、傳記、地理、譜系、簿錄等各類，
祁目、千頃目及《四庫總目》均有，然分併改隸則稍有更易。編年一類，三目均有，
類名亦不變。傳記類祁目則更名爲記傳類，千頃目及《四庫總目》則仍名傳記類。
至於《國史經籍志》有故事一類，乃《隋志》之舊事類，祁目、千頃目及《四庫總
目》均不立故事類，祁目及千頃目更名爲典故類，收錄典章制度、政令措施等書，《四
庫總目》則刪是類，而將其書歸入子部小說家類中。

　　其次論食貨類，《國史經籍志》將錢譜刀劍、酒茗食經及篆養等書均併爲一類，
稱食貨類，書畫博棊等則另於子部內立藝術家類收錄之。祁目承《國史經籍志》，亦
立藝術家類，而於政實類下立食貨目，所收與《國史經籍志》食貨類相同，僅未獨
立爲一類耳。千頃目則與《國史經籍志》同，史部有食貨類，子部有藝術類；《四庫
總目》則無食貨類，而將其書分隸子部藝術及譜錄二類中。

　　祁目政實類下除食貨目外，另有時令、刑法、官守、事宜四目，時令類在《國
史經籍志》及《千頃目》、《四庫總目》中均獨立爲一類；刑法目則與《國史經籍志》
之法令類同，亦即千頃目政刑類中刑書之屬；官守、事宜二目則與《國史經籍志》
之職官類相若，亦與千頃目之典故類及政刑類中政書之屬相錯雜。《四庫總目》併儀
注、刑法爲一類，名爲政書類，下分通制、典禮、邦計、軍政、法令、考工六目，
其中軍政及法令之屬，即相當千頃目之政刑類。

　　譜系、簿錄二類，《國史經籍志》各獨立爲類，祁目則將之併爲譜錄類，將年譜
族譜及書目之書並列；千頃目則直承《國史經籍志》，仍爲譜系、簿錄二類；《四庫
總目》則去譜系一類，而將簿錄改爲目錄，下並分經籍、金石二目。

　　史部中另有較特殊者爲祁目新增約史類，及《四庫總目》之紀事本末、詔令奏
議及載記類。《四庫總目》有載記一類，爲千頃目所無，載記類實即千頃目之霸史類，
《四庫全書總目》載記類小序云：

　　　　……阮孝緒作《七錄》，偽史立焉；《隋志》改稱霸史，《文獻通考》
　　　則兼用二名。然年紀緜邈，文籍散佚，當時僭撰，久已無存；存於今者，
　　　大抵後人追記而已，曰霸曰偽，皆非其實也……今採錄吳越春秋以下，述

　　　　偏方僭亂遺蹟者……總題曰載記，於義爲允……。

故知四庫之載記類，實即《隋志》以來之霸史類。

　　《國史經籍志》集類有制詔類及表奏類，祁目名爲詔制類及章疏類，仍置集部類中；千頃目直承《國史經籍志》，立制誥類及表奏類於集部，《四庫總目》則合併爲詔令奏議類，改置於史部。千頃目之編年類含紀事本末體諸書，《四庫總目》則另立紀事本末類收之。

　　祁目較《國史經籍志》新增約史一類，既非正史之記載，亦非如史鈔類之節略。由於我國諸籍中，有許多都是在短篇幅中，敍述千百年之史事，而此類書入之別史、雜史、史鈔等類中均不妥當，因此祁氏立約史一類，以收錄此類之書。

　　子部方面，儒家、兵家、農家、道家、釋家、醫家及藝術家等類，祁目、千頃目及《四庫全書》均與《國史經籍志》所立諸類內容相同，故此處略而不論。雜家一類，《國史經籍志》沿《隋志》以來史志書目之例，將九流十家之雜家類書歸屬之；《遂初堂書目》始合先秦諸子名、法、墨、陰陽、雜等五家爲「雜家類」，然類下並未分目；祁目沿《遂初堂書目》例，亦併五家爲「諸子類」，下分墨、法、名、縱橫、雜五目。千頃目直承《遂初堂書目》來，類名、內容均同尤目。至《四庫全書》，亦有雜家，唯其將法家自其中獨立出來，故《四庫總目》有法家類。

　　天文家類在《國史經籍志》中分爲天文、曆數二目；祁目亦有天文家類，仍分占候、曆法二目，與《國史經籍志》同。千頃目則分爲天文、曆數二類，《四庫總目》則名天文算法類，下又分推步、算書二目，其中推步一目，即包含天文類及曆數類，算書一目則爲《國史經籍志》小學類「數」之屬及千頃目小學類所附之算書。

　　五行家類，《國史經籍志》、祁目、千頃目中均有，唯千頃目中稱「五行類」，《四庫總目》則名爲「術數類」，下分數學、占候、相宅相墓、占卜、命書相書、陰陽五行六目，其中數學一屬，據《四庫總目》術數類小序所云，爲易之支派衍生之說，其餘五目則與千頃目五行類相若。

　　小說家類及類家類，祁目均承《國史經籍志》而不變，千頃目則改爲小說類及類書類，《四庫總目》則又改稱爲小說家類，類書類則仍之不變。

　　另《四庫總目》新增譜錄一類，乃將千頃目食貨類中器物、食譜、草木鳥獸蟲魚之書收之而不立食貨類。

　　祁目又較《國史經籍志》新增叢書類。前代書目多將此類彙輯之書，附於類書中，祁目首先將之獨立成類，至《四庫總目》則將之改列於雜家類雜編之屬中。

　　集部方面，《國史經籍志》之賦頌一類，收楚辭及與賦有關之書，祁目則改稱爲辭賦類，千頃目稱騷賦類，《四庫總目》則又更爲楚辭類。

祁目又立「餘集類」，下分逸文、豔詩、逸詩三百。乃將集部中專輯俳詞、豔語之詩文儷句諸籍，專立一類來著錄，以其與傳統詩文之抒情、敍事等文體不同，故別立一煩以彰顯其特性。

詩文評類，祁目沿《國史經籍志》之舊，千頃目則名文史類，包含詩文評及詩話、詞語之書；《四庫總目》則仍名詩文評類。

詞曲類，《國史經籍志》無，乃收錄宋詞元曲之書，故自宋代以後方有。千頃目有詞曲類，乃沿陳錄之歌詞類而來，然改類名；《四庫總目》則沿其類，並於其下立詞集、詞選、詞話、詞譜詞韻、南北曲五目。

千頃目中又有一最特殊之類，即「制舉類」。《通志·藝文略》類書下有收制舉書，然未獨立成類；祁目於總集類下有「制科藝」目，首將制舉之書獨立成目，千頃目則將其獨立成類。

綜合以上所述，知祁目、千頃目及《四庫總目》，均與《國史經籍志》同為三級分類之書目，且其分門別類均有所承襲，如祁目子目均倣自焦竑《國史經籍志》，其分類亦僅有隸部之異，千頃目又據祁目加以分併改隸，因此可說祁目及千頃目均受《國史經籍志》極大影響。《四庫總目》之分類，雖甚少取法於千頃目，受《國史經籍志》之影響亦有限，然其四部三級分類之制，則實取法於《國史經籍志》，後代書目之以四部三級分類為圭臬，則不可不謂焦氏具有草創之功也。

第四節 《國史經籍志》分類之得失

《國史經籍志》的分類，大抵皆沿用前代各公私書目而來，尤以《隋書經籍志》及鄭樵《通志·藝文略》為主，刪併更隸成為三級分類之書目。其部類目主要係參考《隋書經籍志》，屬目方面則係參考鄭略，而分類法則是以鄭樵自創的十二部分類法為基礎，改用傳統四部分法，成為我國第一部四部三級分類的《國史經籍志》，此亦為《國史經籍志》分類上之特點及價值所在。至於其所立門類缺失之處，以下將舉而論之。

《國史經籍志》首有制書類，收錄明代御製、中宮御製、敕修及紀注時政諸書，雖曰其有承續文淵閣書目以來立國朝類之傳統，但混雜四部，有歸類不明之缺失。此點於其後之《千頃堂書目》時得到解決，千頃目以國史類為首，收錄實錄、寶訓、年表、起居注等書，其他諸籍則散入史部各類中，而將史部中起居注類及實錄類刪去，如此則仍保有《文淵閣書目》立國朝類之傳統，又不致有混亂四部之弊。

經類方面，《國史經籍志》將鄭樵《藝文略》中獨立的禮類，又歸入經類中，並

將鄭略中儀注類移往史類，月令類四目併為時令一類，亦改置史類。餘周官、儀禮、喪服、禮記、會禮五類，則改為周禮、儀禮、喪服、二戴禮、通禮五目，列經類禮類以下。然焦氏將禮類歸入經類中，是否合宜？此則為焦氏沿襲前代書目之處。前代書目多將後世禮書併入三禮諸書中，合為禮類，在書之內容性質上來說，並無不可；但嚴格說來，三禮是經書，而後世禮書不是經，因此三禮可仍置於禮類，而後世禮書等則應歸入史類。

《國史經籍志》中有論語類、孟子類；大學及中庸之書則依其所出而仍置於二戴禮一目中；合論四書者則置於經總解類中。然自朱熹將論、孟、學、庸併為四書以來，《大學》及《中庸》便可說已脫離《禮記》之範圍。《國史經籍志》既為明時所作，自應將論、孟、學、庸及合論四書之著作，置於同一類內，如此方能使學術源流及變遷明晰易曉，故當立一四書類，將四書各分類及合論四書之書統括之，以取代論語、孟子二類。

史部及子部方面，因無疑義，故略而不論。

集部方面，《國史經籍志》有制詔類及表奏類。然由於詔令可以考「治亂得失」，為「政事之樞機」（俱見《四庫全書》史部詔令奏議類小序），非僅文章類，將之列於集部，似嫌不妥，故應將制詔類及表奏類移入史部為宜。

《國史經籍志》除所立門類有缺失以外，其在書籍的部次上亦有謬誤。焦氏在經籍志上附糾繆一卷，乃糾評漢隋唐宋史志及諸家目錄隸次之誤，然仔細考查焦氏的意見，則絕大多數仍依從鄭氏的歸類，雖有糾繆前目部次之誤，但其本身部次卻仍依鄭略之舊或未依糾繆而歸類。如他糾《隋志》說：「後周太祖號令入起居注，非，改制詔。」而焦志仍沿鄭略入起居注類，並未改隸制詔。又如糾唐〈藝文志〉曰：「甄異傳二十二種入小說家，非，改儒家。」然《國史經籍志》既未將之入小說家，亦未改列儒家，而是將之著錄於傳記類冥異之目。

除此之外，焦氏亦有糾評各家，而前後意見不一致者，及新增之書而部次錯誤者〔註8〕，這都是因為焦氏參考各類書目，以為《國史經籍志》撰著之資，遇有重複之書，則先後糾舉之，然意見不一；主要問題就在焦氏並未親見其書內容，而僅憑書名來判別當歸入何類，而產生之錯誤。焦氏在分類上模倣鄭氏，然於目錄學之編目理論上，則遜於鄭氏多矣。鄭樵《校讎略》內有〈見名不見書論〉二篇，就是針對此點而論，他說：

　　編書之家，多是苟且，有見名不見書者，有看前不看後者。……

〔註8〕昌彼得先生在〈焦竑《國史經籍志》的評價〉一文中，舉出焦氏糾前目之繆與鄭氏部次相乖，及糾評名家意見不一致，新增之書部次未當等之例，可參證之。

鄭氏本身在書籍的部次上雖亦有謬誤之處，但在宋朝時代能有自成一套的目錄編類理論系統，實屬不易。焦竑未能學得鄭樵目錄學之真精神，以致有這許多分類編次上之錯誤，再加上考查不夠詳實，錯誤遂層出不窮。

　　綜上所論，焦竑《國史經籍志》之分類，乃採大類下分小類，小類下再分細目的三級分類法；再將鄭樵自創十二類分法，改為傳統的四部分類法，並仿文淵閣書目立國朝史類之例，首列制書類，將明代帝撰敕修之書一併收之，將諸籍分為經、史、子、集及制書類等五部五十二類。所立門類以《隋書經籍志》及鄭樵《藝文略》為依據，再參考前代書目，加以增刪改併。

　　焦氏在分類部次上有錯誤，為未眼見其書之故；又有〈糾繆〉一卷，糾前人分類編目之失，然謬誤亦多，致勞章學誠於百餘年後再糾其繆。雖然如此，焦竑《國史經籍志》的分類，仍是其書最重要及最有貢獻、最有影響力之處，故當取其貢獻而襃揚之，而無需大加攻伐其缺失之處。

附錄：《國史經籍志》中重出之條例

　　《國史經籍志》中，類目之間，常有重複著錄書籍之現象出現，除了因為我國古籍內容可通數類，在入類時往往因疏忽而未加詳檢，以致前後重出；或因偏採諸目，而有重複著錄之現象。

　　昌彼得先生在〈焦竑國史經籍志的評價〉一文中，曾將焦志中重出之條目列出；余亦校讀一遍，然並未發現有新增之例，今謹將昌先生所舉之例錄之於下：

《唐馬總通歷》十卷、《宋孫光憲續通歷》十卷　二書編年類運歷、紀錄兩目重出

《唐李肇經史釋題》二卷　經總解、簿錄類重出

《唐李衢皇室維城錄》一卷、《宋仙源積慶圖》　二書譜系類帝系及皇族兩目重出，然《積慶圖》帝系目載一卷，皇族目載三卷；《仙源積慶圖》又別見於雜史類，一書三出。

《近思錄》十四卷　儒家類前後重出

《女孝經》一卷　傳記類列女目、儒家類重出

《茶法易覽》　食貨類酒茗目、法令類專條目重出，唯所載卷數不同，分別為十卷及一卷

《英雄錄》一卷　傳記類忠烈、名賢兩目重出

《尉遲偓中朝故事》　故事、職官類重出；又雜史類有《尉遲樞中朝故事》，即
　　偓書三出，樞字誤。

《唐蘇鶚蘇氏演義》　雜家、小說類重出，一作二十卷，一作十卷，今傳本二
　　卷

《唐元結猗犴子》一卷　雜家、小說類重出

《張唐英仁宗政要》、《林希兩朝寶訓》、《林慮神宗寶訓》、《李攸本朝事實》四
　　書　紀注時政、雜史類重出。雜史類《仁宗政要》末著撰人，林慮誤作林彪，
　　李攸誤作沈攸。

《喪服儀》、《士喪禮儀注》、《喪服纂要》、《喪服治禮儀》四書　經禮類喪服目、
　　史部儀注類凶禮目重出。

《魏徵群書治要》五十卷　儒家類、類家類重出，唯類家類名為《魏徵群書理
　　要》五十卷。

藝術類有劉道醇《五代名畫記》及《宋名畫評》二書，又有劉道咸《五代名畫
　　拾遺》及《宋朝名畫評》，實即前書而作者書名歧出。

　　由上所列得知，《國史經籍志》中重出之誤，實因焦氏未見原書，而雜取各代書
目抄錄之，因各書目原本書籍分類次即有不同，焦氏於著錄之時又未加詳考，因有
重出之情形出現，雖未可以此而評其「率爾濫載」，然其部次不夠嚴謹，以致誤謬叢
生，亦難辭其咎也！

第六章　《國史經籍志》之評價

目錄書的目的在「辨章學術，考鏡源流」，故一書之存佚、分合、真譌、優劣，均由目錄書來記錄、表達，其價值與影響亦由此而彰顯之。在探討《國史經籍志》的價值之前，要先瞭解歷來學者對此書之評價為何。

自清以來，對於《國史經籍志》均毀多於譽，尤以清廷官修史志對此書刻意醜詆。如乾隆初年張廷玉纂《明史·藝文志》序云：

> 焦竑輯經籍志，號稱詳博，然延閣、廣內之藏，竑亦無從遍覽，則前代陳編，何憑記錄？區區奪於遺聞，冀以上承《隋志》，而贋書錯列，徒滋譌舛。

《四庫全書》則根本不收錄其書，僅存其目，〈提要〉並評之曰：

> 顧其書叢鈔舊目，無所考核，不論存亡，率爾濫載，古來目錄，惟是書最不足憑。世以竑負博物之名，莫之敢詰，往往貽誤後生。其謏詞炫世，又甚於楊慎之《丹鉛錄》矣。

所論特為貶抑，並非平心之論，實因焦氏與李贄交好，不為清廷所喜，故一併貶抑之。

與修四庫約同時諸人，對焦志之評則較為持平。如章學誠《校讎通義》卷二有〈焦竑誤校《漢志》〉一篇，列焦氏錯誤十五條，並稱焦氏未悉古今學術源流，不能於離合同異之間，深求其故。然他又說焦氏識力雖不及鄭樵，「而整齊有法，去汰裁甚，要亦有可節取者。」則讚其分類之有法度。錢大昕在《十駕齋養新錄》卷十四中，也列舉了焦氏謬踏不可據者若干條為例，證明《國史經籍志》譌舛頗多，不過又說他在補充《元史·藝文志》時，於焦氏《經籍志》采獲頗多，說明《國史經籍志》雖有偽誤，仍有可取之處。

伍崇曜跋《國史經籍志》時，則以為清人對焦志之批評過於嚴苛，因曰：「蓋歷朝修經籍文志，大都如是，未可以專詬焦氏一人。」並認為《國史經籍志》「未嘗不足為讀史考鏡之資。」

近代目錄學家對焦志之批評，僅余嘉錫《目錄學發微》詬此書「抄撮史志，多非實有其書，不足據也。」餘皆毀譽互參，所譽者為其小序之體、糾繆一卷及分類之精。如梁啓超在〈圖書大辭典簿錄之部〉中稱其糾繆之乖史志之體，但又以為其書之最用心者，「乃在各類後之總論，及所附之糾繆一卷，意在辨正疏略，整理類別，雖學識不無偏駁，要亦自有創見。」汪辟疆《目錄學研究》亦推崇糾繆一卷曰：

> 尋其推論，頗思採諸家之所長，而沒略其所短，則是焦氏奮起於千載之後，上掩前哲，下開方來，蓋亦近古之狂者也。

姚名達及蔣元卿，則推崇焦氏之分類。姚氏在《中國目錄學史》中說：

> 其精神注重惟在分類，故於名數多所忽略耳。在目錄學史中，惟茲能繼鄭樵之志，包舉千古，而力不足以勝其任，故為四庫所譏也。

蔣氏的《中國圖書分類之沿革》則稱：

> 焦氏之法，固未精善，而《四庫總目》之恣意醜詆，亦未免吹毛索瘢之譏。

所謂則較為客觀持平。

綜而論之，《國史經籍志》及為纂國史而修，然資料尚未蒐羅完備之時，焦竑就離開了翰林院，此後迄萬曆三十年間，雖略有增訂，但所增極少，因此可說《國史經籍志》只是一個尚未完成的初稿。

由於焦志乃以鄭樵《藝文略》為底本，故同鄭略採通代收書之例，並新增宋迄明代之書，唯焦氏新增者極有限，使得末代以來因雕版印刷發達而大量印行出版的書籍，於焦志中無從得見，此為《國史經籍志》收書體例上的缺失。

關於《國史經籍志》的體例，較重要者為小序及糾繆一卷。《國史經籍志》在四部四十八類之後，各有小序一篇，除了能夠輔助分類部次，使更完善以外，同時能條別學術的淵源流變及得失，更具有歷史上的意義。他規復了《舊唐書》以來的史志、陳錄以來的書目所缺乏的此項體制，使明代的目錄學者及讀者，重新認識並重視小序之體的功用。

糾繆一卷，乃仿鄭樵校讎略而作，糾舉前代史志書目之錯誤，雖於史志著述之體不合，且其間謬誤不少，然具有「辨正疏略，整理類別」之功，並在我國的目錄學專書歷史中，負起了承先啓後的責任。

至於焦志的小注，則有較重要的缺失：焦氏將之過於簡化，使學者對書籍之內

容易造成誤解；所錄諸事不考其存佚，使歷來目錄明存亡、辨眞僞之功能，無從得之；既非眼見其書，而又不注所自錄者，不但有掠前代史志目錄書作者美之嫌，又使學術源流混亂不明。

關於分類方面，《國史經籍志》並無甚新創，所立門類主要以參考前代書目而成，其中又以《隋書經籍志》及鄭樵《藝文略》二者爲主要依據對象。焦志最爲人所稱道處，在於其所整理歸併而得出之四部三級分類法，既秉承了鄭樵三級分類類目明晰的優點，又承續了內閣傳統的四部分法，在中國目錄學的分類上具有草創之功。

然焦志在部次彙籍之時，亦有譌誤產生，如糾前代書目之繆處，往往與本身分類部次相乖，使讀者不知所從；糾繆本身亦有太多謬誤，致勞後人再糾其繆。焦志中書籍重複著錄的情形亦屢見不鮮，焦氏本身對於前代目錄重出的書，多所刪削，自己對於這種地方卻未多加留意，使之成爲《國史經籍志》分類部次上的重大疏陋。

綜論《國史經籍志》在目錄學上的價值，除了前面所說的規復小序之體，作糾繆以承續目錄學研究專書之薪火，並創四部三級分類之法外，其餘於卷帙分合、版本、解題等目錄學上的功用均未達成，但他在目錄學史上的意義仍是不可忽視的。以下便述《國史經籍志》之影響及功用：

一、影響元明以後史志書目之編輯體例

焦志恢復了《舊唐書》以來不用的小序之體，除了使後代目錄家與學者認識小序之體的功用以外，更影響了其後史志目錄，使他們重新注意到小序的功能，並加以重視；《四庫總目》能規復小序之體，並充份發揮其功能，將所收錄之每一類書其學術之淵源流變詳加敍述，使學者讀之，不但可以見往，更可以知來。《國史經籍志》的承先啓後之功，自不可輕忽。

二、間接影響後代校讎書籍之撰作

自鄭樵撰《通志·校讎略》，我國開始有了研討目錄的專書，但此後便闃然無聞。到了鄭氏以後四百五十年，出現了焦竑《國史經籍志》的〈糾繆〉卷，探討前代諸目部次的缺失，方使得研討目錄學之書得以中繼。後代有《續通志校讎略》、《皇朝通志校讎略》及章學誠的《校讎通義》等書出現，由其書名便可推知這些書乃是以繼軌鄭氏《校讎略》爲職志，然若少了焦氏糾繆的居間承襲仿作，則恐後世學者將忽略了校讎的重要性。

《續通志》爲清乾隆三十年永璇等奉敕撰，乃繼鄭樵《通志》，增補鄭氏所未見未備者，〈校讎略〉即其二十略中之一，以王應麟、晁公武、陳振孫、馬端臨、焦竑等先儒言論爲據，稽其得失而折衷之；既以焦竑所論爲依據，則焦志於其影響自不

待言。乾隆三十二年，永璇又奉敕撰《清朝通志》，二十略之名全同《通志略》及《續通志略》，唯材料乃輯自明末至清初，內容雖與《通志略》稍有不同，然仍具有校讎之精神。

　　章學誠撰《校讎通義》，共三卷，約成於乾隆四十四年，將鄭樵校讎略的精神加以發揚光大；首卷為與鄭氏校讎略相同之校讎分類論，如互著、別裁、辨嫌名、校讎條理等；第二卷則仿焦氏糾繆而作，補校《漢志》，並糾鄭樵及焦竑誤校《漢志》處，故《校讎通義》亦可說直接受到焦氏糾繆的影響；卷三則為分論《漢志》六略。在鄭樵校讎略完成的六百餘年後，能有此三本著作出現，以至近人如劉咸炘的《續校讎通義》、蔣元卿的《校讎學史》、杜定友的《校讎新義》等書，雖曰內容有變，但都可說遠承鄭樵的校讎略。焦氏《國史經籍志》所居的中繼地位，無論直接的或間接的，都可說對後代目錄書有重要影響。

三、影響後代書目之分類

　　由於《國史經籍志》是我國目錄學史上第一部四部三級分類的國史書目錄，因此不但在當時受人稱道，更對代發生了影響，如祁承爍的《澹生堂藏書目》、黃虞稷之《千頃堂書目》，及清乾隆敕修之《四庫全書總目》等，都承用了焦氏的四部三級分類，更能改其缺失而使青出於藍。焦志的篳路藍縷草創之功，更肯定了其在目錄學史上的價值。

　　吾輩讀史志，除將其作為書目考鏡之資，並明瞭其書之缺失所在，最重要的是能領略其書之精華，籍此探究古代學術之淵源流變，及作者著書之真精神。焦竑《國史經籍志》既為一未完成之初稿，故謬誤在所難免，然由目錄學史的觀點來探討評估，其價值是不容置疑的。

重要參考書目

甲、專　著

1. 《兩蘇經解》，宋·蘇軾、蘇轍撰，萬曆二十五年畢氏刊本。
2. 《俗書刊誤》，明·焦竑撰，清乾隆間《四庫全書》文淵閣本。
3. 《明史》，清·張廷玉等編，鼎文書局據排印本重印，民國 69 年。
4. 《明會要》，清·龍文彬撰，世界書局，民國 49 年。
5. 《藏書紀事詩》，清·葉昌熾撰，世界書局，民國 53 年。
6. 《金陵通傳》，清·陳作霖編，光緒三十年瑞華館刊本。
7. 《皇明人物考》，明·焦竑撰，萬曆間閩建書林葉貴刊本。
8. 《明儒學案》，清·黃宗義撰，河洛圖書出版社，民國 63 年。
9. 《明李卓吾先生贄年譜》，容肇祖撰，商務印書館，民國 71 年。
10. 《疑年錄》，清·錢大昕撰，咸豐三年刻本。
11. 《國朝獻徵錄》，明·焦竑撰，萬曆四十四年曼山館刊本。
12. 《京學志》，明·焦竑撰，萬曆間刊本。
13. 《江寧府志》，清·呂燕昭修，光緒六年重刊本。
14. 《福寧府志》，清·朱珪修，光緒六年重刊本。
15. 《通志》，宋鄭樵撰，新興書局，民國 48 年。
16. 《鄭樵的校讎目錄學》，鄭奮鵬撰，學海出版社，民國 72 年。
17. 《鄭樵校讎略研究》，錢亞新撰，文宗出版社，民國 63 年。
18. 《新校漢書藝文志》，楊家駱編，世界書局，民國 62 年。
19. 《新校隋書經籍志》，楊家駱編，世界書局，民國 62 年。
20. 《唐書經籍藝文合志》，楊家駱編，世界書局，民國 65 年。

21. 《宋史藝文志廣編》，楊家駱編，世界書局，民國 64 年。

22. 《崇文總目》，宋・王堯臣等撰，上海商務印書館叢書集成本，民國 24 年。

23. 《郡齋讀書志》，宋・晁公武撰，商務印書館，民國 67 年。

24. 《遂初堂書目》，宋・尤袤撰，新興書局影印說郛本。

25. 《直齋書錄解題》，宋・陳振孫撰，商務印書館，民國 67 年。

26. 《遼金元藝文志》，楊家駱編，世界書局，民國 65 年。

27. 《明史藝文志廣編》，楊家駱編，世界書局，民國 65 年。

28. 《文淵閣書目》，明・楊士奇編，商務印書館，民國 56 年。

29. 《內閣藏書目錄》，明・張萱撰，廣文書局影印適園叢書本，民國 56 年。

30. 《國史經籍志》，明・焦竑撰，北平圖書館舊藏萬曆間陳汝元校原刊本。

31. 《國史經籍志》，明・焦竑撰，北平圖書館舊藏萬曆間錢塘徐象橒曼山館刊本。

32. 《國史經籍志》，明・焦竑撰，台灣大學文學院聯合圖書館藏日本承應三年（西元 1654 年）京都板本屋七右衛門覆曼山館本。

33. 《國史經籍志》，明・焦竑撰，中央研究院歷史語言研究所藏鈔本。

34. 《國史經籍志》，明・焦竑撰，台北：國家圖書館藏清康熙間鈔本。

35. 《國史經籍志》，明・焦竑撰，國家圖書館藏舊鈔本。

36. 《國史經籍志》，明・焦竑撰，清咸豐三年粵雅堂叢書本。

37. 《國史經籍志》，明・焦竑撰，上海商務印書館叢書集成本，民國 24 年。

38. 《澹生堂藏書目》，明・祁承㸁撰，光緒十八年紹興先正遺書本。

39. 《千頃堂書目》，清・黃虞稷撰，廣文書局影印本，民國 70 年。

40. 《四庫全書總目提要》，清・紀昀等纂，商務印書館，民國 60 年。

41. 《增訂四庫簡明目錄標注》，清・邵懿辰撰，世界書局，民國 66 年。

42. 《校讎通義》，清・章學誠撰，廣文書局，民國 59 年。

43. 《鄭堂讀書記》，清・周中孚撰，商務印書館，民國 57 年。

44. 《文瑞樓藏書目錄》，清・金壇撰，廣文書局影印顧氏讀畫齋叢書本，民國 61 年。

45. 《善本書室藏書志四十卷》，清・丁丙撰，廣文書局影印民國 2 年原刊本，民國 56 年。

46. 《書目答問補正》，清・張之洞撰・范希曾補正，新興書局，民國 68 年。

47. 《藝風藏書記》，清・繆荃孫撰，廣文書局，民國 56 年。

48. 《書林清話》，清・葉德輝撰，世界書局，民國 72 年。

49. 《群碧樓善本書目》，鄧邦述撰，廣文書局影印清宣統三年刊本，民國 57 年。

50. 《寒瘦山房鬻存書目》，鄧邦述撰，廣文書局影印民國 19 年鄧氏刊本，民國 57 年。

51. 《邵亭知見傳本書目》，莫繩孫撰，文海出版社影印民國 22 年莫氏刊本，民國 73 年。

52. 《國立北平圖書館書目目錄類》，蕭璋編，民國 23 年該館印行。

53. 《北京人文科學研究所藏書目錄》，古亭書屋據民國 27 年該所編印本影印。

54. 《江蘇省立國學圖書館圖書總目》，廣文書局影印民國 22 年至 25 年該館編印本，民國 59 年。

55. 《中國歷代書目總錄》，梁子涵編，中華文化出版事業委員會，民國 44 年。

56. 《目錄學發微》，余嘉錫撰，藝文印書館，民國 63 年。

57. 《目錄學研究》，汪辟疆撰，文史哲出版社，民國 72 年。

58. 《中國目錄學年表》，姚名達撰，商務印書館，民國 60 年。

59. 《中國目錄學史》，許世瑛撰，中國文化大學出版部，民國 71 年。

60. 《圖書板本學要略》，屈萬里、昌彼得撰，華岡出版有限公司，民國 67 年。

61. 《中國目錄學》，昌彼得、潘美月撰，文史哲出版社，民國 75 年。

62. 《版本目錄學論叢》，昌彼得撰，學海出版社，民國 66 年。

63. 《中國圖書分類之沿革》，蔣元卿撰，中華書局，民國 70 年

64. 《中文古籍整理分類研究》，劉簡撰，文史哲出版社，民國 70 年。

65. 《清代禁燬書目研究》，吳哲夫撰，嘉新水泥公司文化基金會，民國 58 年。

66. 《清代禁書知見錄》，孫殿起編，成文書局書目類編據民國 46 年排印本影印，民國 67 年。

67. 《清代禁燬書目》，清‧姚覲元撰，成文書局書目類編據民國 46 年排印本影印，民國 67 年。

68. 《養正圖解》，明‧焦竑撰，萬曆二十二年懷讓刊本。

69. 《唐荊川先生纂輯武編》，明‧唐順之撰，國家圖書館藏萬曆間曼山館刊本。

70. 《焦氏筆乘》，明‧焦竑撰，國家圖書館藏萬曆三十四年謝與棟刊本。

71. 《支談》，明‧焦竑撰，國家圖書館藏萬曆繡水沈氏尚白齋刊本。

72. 《升菴外集》，明‧楊慎撰，國家圖書館藏萬曆四十四年江寧顧起元校刊本。

73. 《東坡志林》，宋‧蘇軾撰，國家圖書館藏明刊朱墨套印本。

74. 《新鍥翰林三狀元會選二十九子品彙釋評》，明‧焦竑等編，國家圖書館藏萬曆 44 年寶善堂刊本。

75. 《中原文獻子集》，明‧焦竑選，國家圖書館藏萬曆間新安汪淳等刊本。

76. 《焦氏類林》，明‧焦竑撰，國家圖書館藏萬曆十五年秣陵王元貞刊本。

77. 《玉堂叢話》，明‧焦竑撰，國家圖書館藏萬曆四十六年曼山館刊本。

78. 《老子翼》，明‧焦竑撰，國家圖書館藏萬曆十六年原刊本。

79. 《莊子翼》，明‧焦竑撰，國家圖書館藏萬曆十六年原刊本。

80. 《陰符經解》，明・焦竑撰，國家圖書館藏萬曆間繡水沈氏尚白齋刊本。

81. 《謝康樂集》，劉宋・謝靈運撰，國家圖書館藏萬曆十一年謝氏刊本。

82. 《張于湖集》，宋・張于湖撰，國家圖書館藏崇禎十七年張弘開二張集本。

83. 《蘇長公二妙集》，宋・蘇軾撰，台灣大學研究所圖書館藏，天啓元年曼山館刊本。

84. 《耿天台先生文集》，明・耿定向撰，國家圖書館藏萬曆二十六年刊本。

85. 《羅近溪先生全集》，明・羅汝芳撰，國家圖書館藏萬曆間刊本。

86. 《王龍谿全集》，明・王畿撰，清道光二年刊本。

87. 《羣玉樓集》，明・張燮撰，國家圖書館藏崇禎十一年閩漳張氏家刊本。

88. 《太函副墨》，明・汪道昆撰，國家圖書館藏崇禎六年家刊本。

89. 《鄒子願學集》，明・鄒元標撰，國家圖書館藏明徐弘祖等重刊本。

90. 《焚書》，明・李贄撰，國家圖書館藏明萬曆刊本。

91. 《續焚書》，明・李贄撰，明刊本。

92. 《李溫陵集》，明・李贄撰，國家圖書館藏明海虞顧大詔校刊本。

93. 《衡廬精舍藏稿》，明・胡直撰，商務印館影印故宮藏《四庫全書文淵閣本別集》五，民國 75 年。

94. 《澹園集》，明・焦竑撰，國家圖書館藏萬曆三十四年內黃黃雲蛟刊本。

95. 《澹園續集》，明・焦竑撰，金陵叢書乙集之九。

96. 《南雷文定》，清・黃宗羲撰，世界書局，民國 53 年。

97. 《歷科廷試狀元策》，明・焦竑、吳道南編，國家圖書館藏明末刊本。

98. 《五言律細》，明・楊慎選，北平圖書館舊藏萬曆曼館刊本。

99. 《七言律細》，明・焦竑選，北平圖書館舊藏萬曆曼山館刊本。

100. 《明詩綜》，清・朱彝尊編，康熙四十四年六峰閣原刊本。

101. 《南宋雜事詩》，清・沈嘉轍撰，商務印書館影印《四庫全書》本。

102. 《南雷詩曆》，清・黃宗羲撰，新文豐書局叢書集成新編，民國 74 年。

103. 《兩漢萃寶評林》，明・焦竑選，明萬曆間坊刊本。

104. 《明治新刻續文章軌範評林》，明・鄒守益選，台大總圖藏日本明治年間鹿兒島縣刊本。

105. 《新刊焦太史彙選百家評林明文珠璣》，明・焦竑選，東北大學舊藏萬曆 22 年刊本。

100. 《湧幢小品》，明・朱國楨撰，新興書局，民國 67 年。

乙、論　文

1. 〈焦竑及其思想〉，容肇祖撰，《燕京學報》第二十三期，民國 27 年 6 月。

2. 〈焦竑《國史經籍志》的評價〉，昌彼得撰，《屈萬里先生七秩榮慶論文集》。

3. 〈明代私家藏書概略〉，袁同禮撰，《圖書館學季刊》第二卷第一期。

4. 〈圖書大辭典簿錄之部〉，梁啟超撰，《圖書館學季刊》第四卷第三、四期。

5. 〈隋書經籍志研究〉，許鳴鏘撰，《師大國文研究所集刊》第二十九號，民國 74 年 6 月。

6. 〈千頃堂書目研究〉，周彥文撰，東吳大學中國文學研究所博士論文，民國 73 年學年度。

7. 〈談版式〉，潘美月撰，《故宮文物月刊》第一卷第八期，民國 72 年 11 月。

索　引

書　影

書影一：原刊本卷一

國史經籍志卷一

太史北海焦竑輯　　門人東越陳汝元校

制書類 御製
　　勅修
　　中宮御製
　　記注時政

御製

高皇帝文集二十卷

又詩集五卷

祖訓條章一卷

大明主堉一卷

紀非錄一卷 論周齊
　　　　潭曾

資世通訓一卷

大誥續編一卷

經籍志卷一

又三十卷

皇明祖訓一卷

儲君昭鑒錄二卷

昭鑒錄五卷 訓親

永鑒錄一卷 藩訓親

大誥一卷

大誥三編一卷

刊書須御製

一

— 105 —

書影二：原刊本焦序

國史經籍志

自書契以來靡不以稽古右文爲盛節見於方策可致吏我

太祖高皇帝伐燕皆

命大將軍收秘書監圖書及太常鹵服祭器儀象版籍既定燕

　後

詔求四方遺書永樂移都北平

命學士陳循葦

文淵閣書以從且輸軒之使四出搜討其時

膚藻宸章旣懸象魏而延閣廣內之藏如觸目琳琅莫可注視

何其盛也

累朝通集庫

書影二：原刊本焦序

皇史宸在所充牣而宣德以來世際昇平篤意文雅廣寨清暑

二殿及東西瓊島游觀所至悉置墳典迪雜林土蕃遣使求

書文教遠播直與奎壁日月激衝光明而宛委羽陵之有方

之茂如矣繇此觀之運俎則鉛槧息治盛則典策興蓋不獨

人主風尚繫之而世道亦往往以為候可無志夿劉歆七略

類例精巳苟晶乃更著新錄析爲四部合兵書術數方伎於

諸子春秋之內別出史記經子文賦一仍其舊繇近世史籍

狠衆若循七略多寡不均故謝靈運任昉悉以晶例銓書良

謂此也今之所錄亦準晶例以

當代見存之書統於四部而

御製諸書則冠其首焉史官焦竑序

書影三：原刊本陳汝元序

歲丁酉元以國子生赴試　京師偶於薦紳家獲覩先生

所輯　國史經籍志元盥手展閱之則見蒐羅之廣而芒

先彥淵讓其學再閱之則見類例之精而孟堅蔚宗謝甘

識三閱之則見論譔之贍而更生子雲遜其才誠哉桃花

南針士林嚆矢何怪薦紳家轉相繕寫而長安紙價爲之

騰貴也更數月先生奉

璽書校士畿輔元不才謬荷先生甄拔得稱門下士而先生以

是冬南歸不接手範者累歲壬寅春謁先生於金陵先生

提命之頃出是編相示則比　京師時又加詳矣元避座

再拜請曰夫子心契是編業非一日與其藏之名山曷若

公之同志與其轉相繕寫之煩孰若授諸剞劂氏俾家喻

書影三：原刊本陳汝元序

而戶曉也先生曰此非不佞書迺　國史中一志爾向

以職事攸關勉强成此顧其間所載僅予經目者恐貽挂

漏譏且　國史告竣無期而是編先布毋乃不可乎元曰

不然夫史固非旦夕可成即成矣而金匱石室之儲豈閭

閻可得覯也玉軸牙籤之富登寨素可得攷也　國史昭

祖宗功德之隆是編表

國家人文之盛合之則共成其美分之則各擅其長即先史而

布庸何傷於是先生首肯命元校讐而付之梓凡五閱月

而工訖因附書數語以紀歲月云

　　　　　會稽山陰門弟子陳汝元頓首謹識

書影四：曼山館本卷一

國史經籍志卷一

史官瑯琊焦竑輯　錢塘徐象橒校刊

御製

制書類　御製　中宮御製
　　　　勅修　記注時政

御製

高皇帝文集二十卷　又三十卷

又詩集五卷　皇明祖訓一卷

祖訓條章一卷　儲君昭鑒錄二卷 訓親藩

大明生脣一卷　昭鑒錄五卷 訓親藩

紀非錄一卷 諭周齊潭魯　永鑒錄一卷 訓親藩

資世通訓一卷　大誥一卷

書影五：曼山館本大字寫刻焦序

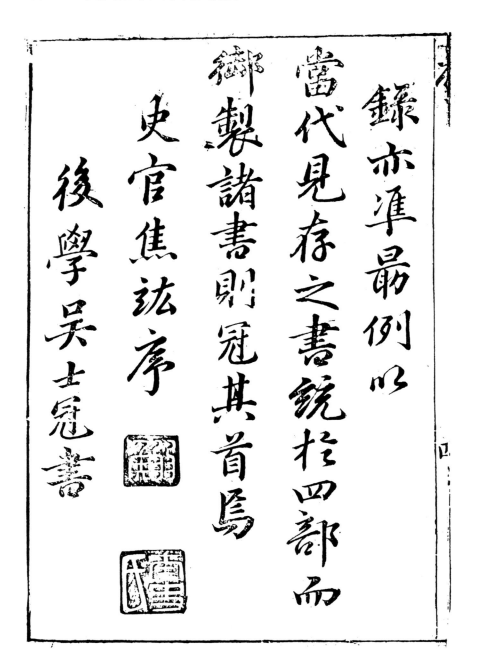

錄亦準晶例以

當代見存之書統於四部而

鄉製諸書則冠其首焉

史官焦竑序

後學吳士冠書

書影六：曼山館本漏刻原刊本經部二十四頁前頁

春秋敘例一卷 家鉉翁

春秋本例二十卷 崔西疇

得灃志例論三十卷 馬正符

右條例

春秋左氏圖十卷 梁簡文帝

春秋圖七卷 漢嚴彭祖

春秋圖五卷 唐張杰

春秋手鑑圖一卷 漢嚴彭祖

春秋圖鑑五卷

春秋明例隱括圖一卷 王哲

春秋盟會地圖一卷 漢嚴彭祖

春秋土地名三卷 晉裴秀客京相璠等撰

春秋釋例地名譜一卷 杜預

又一卷 鄭樵

春秋年表一卷 岳珂

春秋歷代郡縣地里沿革表二十七卷 張冶

春秋列國圖一卷

經籍志卷二 經類 春秋

書影六：曼山館本漏刊原刊本經部二十四頁後頁

春秋左氏諸大夫世族譜十三卷　顧啟期
帝王歷紀譜二卷

春秋世譜七卷
春秋名號歸一圖二卷　馮繼先

春秋名號歸一圖二卷　馮繼先
春秋公子譜一卷　吳楊本岳蘊

小公子譜六卷　杜預
春秋名字異同錄五卷　馮繼先

春秋世次圖四卷　鄭壽
春秋宗族名謚譜五卷

春秋十二國年歷一卷　壽
春秋謚族譜一卷

春秋國君名例一卷

右圖譜

春秋左傳音三卷　康褘規

春秋左傳音三卷　杜預規
左傳音三卷　李軼

左傳音三卷　杜預
左傳音三卷　徐邈

左傳音隱一卷
左傳音三卷　王元規

書影七：曼山館本經部二十八頁春秋條例類接音類

書影七：曼山館本經部二十八頁春秋條例類接音類

邈

書影八：日本京都板木屋覆曼山本卷三

國史經籍志卷三

史官瑯琊焦竑輯　錢塘徐象橒校刊

史類
　　正史　編年　霸史　雜史　起居注
　　故事　職官　時令　食貨　儀注
　　法令　傳記　地里
　　譜牒　簿錄

正史

史記　漢
　　　齊梁　後漢　三國晉
　　　後周　後魏　北齊
　　　隋　唐　五代宋
　　　金　元　通史

史記八十卷　宋裴駰注
史記二百三十卷　許子儒注
史記一百三十卷　王元感注
史記一百三十卷　陳伯宣注今
史記一百三十卷　徐堅注
史記一百三十卷

書影九：日本覆刻本焦序

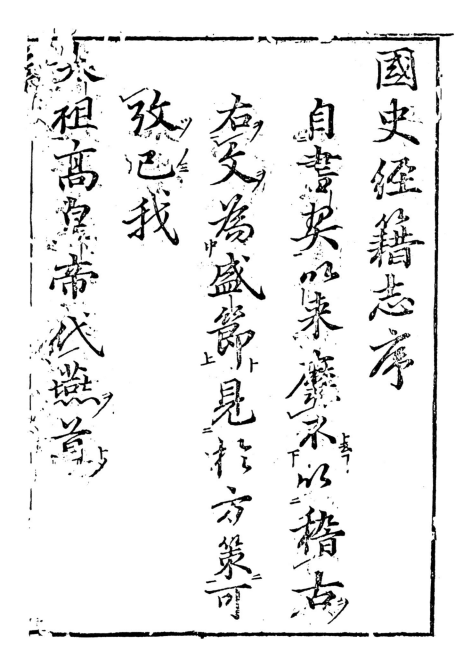

書影十：日本覆刻本書尾牌記

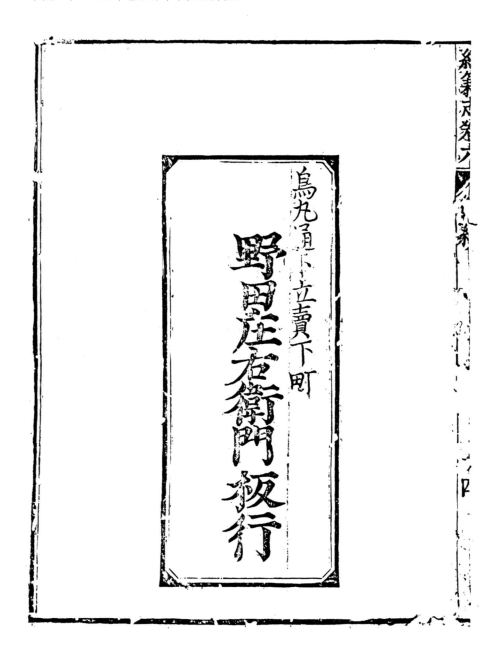

書影十一：清康熙間鈔本

國史經籍志附錄卷六

　　　史官瑯琊焦竑輯　　錢塘徐象橒校刊

糾繆

　　漢藝文志

周書入尚書非政霸史

議奏入尚書非政入集

司馬法入礼非政兵家

戰國策入春秋非政縱橫家

五經襍議入孝經非政經解

尔雅小尔雅入孝經非政小學

書影十二：清舊鈔本配重補本

國史經籍　卷一

　　史官瑯瑯焦竑輯

制書類　勅修
　　御製　中宮御製
　　　　　記注時政

御製

高皇帝文集二十卷　又三十卷

又詩集五卷　皇明祖訓一卷

祖訓條章一卷　儲君昭鑒錄二卷

大明主塔一卷　昭鑒錄五卷 藩訓
　　　　　　　　　　　　　親

紀非錄一卷 諭同　鑒錄　卷 藩訓
　　　　　　齊　　　　　　　　親

資世通訓一卷　大誥一卷

制書類　御製

－120－

書影十三：粵雅堂叢書本

國史經籍志卷一　　北海　焦竑　輯

制書類　御製　　中宮御製　勅脩　記注時政

御製

高皇帝文集二十卷　又三十卷　又詩集五卷　皇

明祖訓一卷　祖訓條章一卷　儲君昭鑑錄二卷

大明圭堳一卷　昭鑑錄五卷藩　紀非錄一卷周　論

魯潭齊　永鑒錄一卷藩　資世通訓一卷　大誥一

卷　大誥續編一卷　大誥三編一卷　臣戒錄一卷

訓親

國史經籍志卷一　　　　粵雅堂叢書